Henning Venske

Gerhard Schröders geheimes Tagebuch

SERIE PIPER

Zu diesem Buch

Politiker lügen. Das weiß jeder. Sie hantieren mit Worthülsen, wenn sie mal nicht lügen – auch das ist bekannt. Und wenn man ihnen das Redemanuskript wegnimmt, wissen sie immer weiter, ist ja schließlich egal, was sie sagen. Aber es gibt auch Politiker, die das Herz auf dem rechten Fleck haben. Man sieht das nur nicht immer. Einer von ihnen hat im stillen Kämmerlein Klartext gesprochen: Gerhard Schröder, der sturmerprobte Niedersachse aus der Eisenwarenhandlung. Schonungslos offen, gnadenlos ehrlich, erbarmungslos aufrecht und hemmungslos mit sich selbst beschäftigt, hat er seinem geheimen Tagebuch anvertraut, was er wirklich denkt: über sich, seine Haustiere, die Frauen, das Käseangebot, über die Politik und wie man sie verhindert. Nur wer tagtäglich um die Verantwortung weiß, in der er steht, kann diesem unserem Lande ein Dokument von so seltener Aufrichtigkeit schenken.

Henning Venske, geboren 1939, veröffentlichte neben seiner Arbeit bei Theater, Rundfunk und Fernsehen satirische Bücher und Kinderbücher sowie zahlreiche Beiträge in Zeitungen, Zeitschriften und Büchern. Anfang der achtziger Jahre Chefredakteur von »Pardon«, von 1984 bis 1993 Mitglied und Hauptautor der »Münchner Lach- und Schießgesellschaft«. Er lebt heute als Schauspieler, Regisseur, Journalist und Autor in Hamburg.

Henning Venske

Gerhard Schröders geheimes Tagebuch

Piper München Zürich

Dies ist eine Satire. Wir nehmen den Kunstvorbehalt nach Artikel 5 Grundgesetz in Anspruch.

Originalausgabe
1. Auflage Dezember 1997
3. Auflage Mai 1998

Umschlag: Büro Hamburg
Simone Leitenberger, Susanne Schmitt, Annette Hartwig
Umschlagabbildung: Bernd Wagenfeld
Gesamtherstellung: Clausen & Bosse, Leck
Printed in Germany ISBN 3-492-22663-9

Fort alles, was das Herz bedrängt,
Was uns in enge Fesseln zwängt,
Die Heuchelei und Lüge!
Das kühne Wort schlägt zündend ein
Und fegt die dumpfen Lüfte rein
Für freie Atemzüge.

Rudolf von Gottschall

Begonnen im 46. Monat vor der Kanzlerschaft

Zweiter Weihnachtsfeiertag

Nachts in der Abstellkammer, mäßig knülle.

Es hat wieder mal über alle Maßen geweihnachtet, und die Christenheit hat wie immer verschärft gelogen. Dieses Tagebuch wird die Wahrheit enthalten, soweit ich sie mir nicht verschweige.

Hillu hat selbst einen Zweizeiler gedichtet: Der Nikolaus steckt seine Rute am liebsten in 'ne Rentierstute. Sehr komisch. Es gab Broccoli mit Gorgonzola überbacken. Habe mir im Garten mit dem Hund ein Bifi geteilt. Sie hat mich dabei erwischt. Ich habe mich entschuldigt und angeboten, zum Ausgleich mit den Kindern den Weihnachtsbaum zu schmücken. Intaktes Familienleben ist die Grundlage eines jeden Staates. Wir benutzen echte Bienenwachskerzen.

Die Deutschen und das Licht – dieses Thema muß beleuchtet werden!
Die Sonnwendfeiern! Laterne, Laterne! Lichtmeß, Lichtenberg, Lichtmaschine! Dann die begeisternden Fackelzüge des tausendjährigen Reiches – da sah man gleich: Das ganze Land hat Kurzschluß. Flamme empor! Und als dann alles in Schutt und Asche lag, in der Hitze des Kalten Krieges, als die Glut der Freiheit nur noch glomm – oder glimmte? –, entzündete Axel Springer seine mutige Offensive gegen den Kommunismus, und Millionen Kerzen erhellten unsere Fenster, wenn's nicht brennende Gardinen waren. Später dann Panik unter den Kolleginnen und Kollegen, unter Militär, Polizei und Geheimdienst, als die Zonis ihre Talgleuchten aus den Schubladen

holten und eine nie für möglich gehaltene Wachskerzenrevolution anzettelten – und gleich danach die Lichterketten! Überall Lichterketten, bis der Rassismus in Deutschland total verschwunden war, Lichterketten, wohin man sah, nur in den Küstenländern immer etwas später, wegen des Windes.
Auch 1994 also wieder: Christus und der Einzelhandel, im Lichterglanz vereint.
Die Deutschen und das Licht – da ist Feuer drin.
Und deutsche Politik ist Candlelight-Politik!

Noch fünfundvierzig Monate bis zur Kanzlerschaft

Januar

Gestern meldete »Bild« den Tod von Patricia Highsmith. Umgekehrt wär's mir lieber gewesen.

Natürlich sind fünfzig Millionen Mark für Herrn Kopper nur Peanuts. Aber muß der Chef der Deutschen Bank unbedingt verschweigen, was sowieso jeder weiß? Überlege, was ich tun kann, damit er mich gelegentlich an seinen Peanuts beteiligt. Finde einfach keinen Grund, warum ein mächtiger Banker einen Politiker bestechen sollte. Scheiße. Ich muß unbedingt raus aus Niedersachsen.

Mit Genuß verfolge ich den Streit in Magdeburg. Es geht um das Landesamt für Verfassungsschutz. Die CDU will hundertfünfzig Planstellen einrichten. Die Grünen sagen, eigentlich genügen ein Präsident und eine Sekretärin, aber wenn die SPD unbedingt hundertdreißig Verfassungsschützer braucht, dann sind wir auch damit einverstanden, aber weil hundertdreißig Schlapphüte nach Meinung der PDS immer noch zuviele sind, gibt's in Sachsen-Anhalt zur Zeit überhaupt keinen funktionierenden Verfassungsschutz. Daß wir einen Verfassungsschutz brauchen, ist klar. Aber brauchen wir Sachsen-Anhalt? Kann man die Gegend da nicht einfach mir zuschlagen? Könnten wir 'ne Menge einsparen, und ich regiere das Land auf einer Arschbacke mit. Aber von Hannover aus.

Habe heute gelesen, daß ich im statistischen Bundesdurchschnitt meine 12,3 Liter reinen Alkohol im Jahr trinke. Bislang spüre ich keine Folgen, außer, daß Hillu mich nachts aufs Sofa im Wohnzimmer schickt. Wenn sie mit Boris Jelzin verheiratet wäre, müßte der auf der Parkbank pennen, der durchgeknallte Schluckspecht. Der Kanzler weiß das, aber wenn man so wenige Freunde hat wie er, mag man auch auf den übelsten nicht verzichten.

Habe in »Monitor« einen fabelhaften Sketch gesehen zum Thema Tschetschenien, der nach meinem Geschmack ruhig noch etwas härter hätte ausfallen dürfen, aber für den Kanzler war's, wie er sagte, der »Tiefpunkt der Geschmacklosigkeit«. Ich meine, entweder er sagt, dieser Sketch war ein Tiefpunkt des Geschmacks, oder er sagt, er war ein Höhepunkt der Geschmacklosigkeit. Sprachlich kann mir keiner: Dem Kanzler sein Satz ergibt einfach keinen Sinn. Auch ein Kanzler darf nie einen Satz mit einer doppelten Verneinung bilden, wenn er etwas Positives ausdrücken will, niemals! Es ist schon furchtbar – bei uns kann niemand Arzt werden, der kein Latein kann, aber jeder Bundeskanzler, auch wenn er kein Deutsch kann.

Stoiber und Biedenkopf haben eine ARD-Krise. Das Erste ist das letzte, sagen sie. Erzählen was vom Rotfunk – dabei sind das einzig Rote bei der ARD die Zahlen. Stoiber: der Straußenjunge, Privatministrant der Familie Kirch.
Und Biedenkopf hängt sich dran, weil er unbedingt mal wieder in die Tagesschau will. Wenn die Herren es nicht mehr ertragen können, sich einen Film am Stück anzusehen, ohne Werbeunterbrechungen, und wenn sie nicht mehr hinsehen möchten bei dieser kommunistischen Verschwörung aus Köln – Camelia hat etwas für sie. Camelia hat die Augenbinde!

Ich denke, die politische Lösung ist ganz einfach: Die CSU verkauft den Bayerischen Rundfunk an Leo Kirch und kriegt dafür vom ZDF den Kölner Dom.
Ich bleibe da ganz gelassen, ich halte das für Theaterdonner, denn jeder weiß, je weniger ein Politiker in einer Sache unternehmen will, desto energischer muß er sie ins Gespräch bringen – ich nenne das mal inversive Relevanz oder so. Und wenn's eines Tages mal nach mir geht, gibt's das ganze ZDF nur noch bei Quelle.

Hillu hat gestern unser Wasserbett abgeschafft, sie konnte es einfach nicht mehr ertragen. Dabei gehören wir zu einer Generation, die vor fünfundzwanzig Jahren das Zeitalter des Aquarius sogar besungen hat. Irgendwo kann ich sie auch verstehen. Ich habe in meinem Leben noch nie so viele Sandsäcke gesehen wie letzte Woche an Rhein und Mosel. Wenn man bedenkt, wie gerne die Leute nach Venedig fahren, erscheint einem die ganze Aufregung allerdings ein wenig übertrieben. Es gab ein Hochwassermanagement und sogar einen Runden Hochwassertisch. Und bei der großen Evakuierungsaktion in den Niederlanden gab es nur ein Kommando: Schweine und Rinder zuerst! Im übrigen frage ich mich angesichts der für die Müllabfuhr bereitgestellten Möbel und ganzer Wohnungseinrichtungen: Haben Ikea oder andere Möbelfirmen die Fluten gesponsert? War das ganze nur eine etwas naßforsche Aktion der deutschen Innenausstatter? Standort Deutschland: wasserfest!

Der Statthalter der CSU in Bonn, Herr Michael Glos, soll gesagt haben, die CSU verstehe von der Außenpolitik mehr als die FDP. Dazu gehört ja auch nicht viel. Herr Kinkel allerdings empfindet diese Äußerung als unpassend. Daraufhin dementiert Herr Glos seine Äußerung dahingehend, er sei unvollständig zitiert worden, er habe nämlich gesagt, die CSU verstehe von der Außenpolitik mehr als die FDP von der Finanzpolitik. Ich habe dazu auf einer Pressekonferenz gesagt, wir verstehen von der Finanzpolitik der CSU noch weniger als die FDP von der Außenpolitik, und das ist eben gar nichts, aber immer noch mehr als Herr Kinkel. Und den versteht auch keiner. Der war vergangene Woche in Sarajewo. Beim Anflug auf die Stadt wurde ihm empfohlen, einen der blauen UNO-Stahlhelme aufzusetzen. Herr Kinkel lehnte ab mit der Bemerkung: »Ich bin kein Hosenscheißer.« Das war mir eigentlich vorher klar – eine der ganz großen geistigen Leistungen dieses Politikers war ja das Sauberwerden. Trotzdem ist es schön, wenn ein Außenminister den Schutz seines Kopfes quasi mit vollgeschissenen Hosen gleichsetzt. Aber den Serben möchte ich sagen: Da hättet ihr mal die Chance gehabt, einem schwäbischen Angeber eins überzubrennen.

In der Bundestagslobby wurde mir ein Heinz Lanfermann vorgestellt. Er ist in der FDP-Bundestagsfraktion zuständig für Familie, Jugend, Senioren, Drogen und Frauen. Heinz Lanfermann ist frauenpolitischer Sprecher der FDP. Aber dieser Herrenclub hat ja auch Herrn Rexroth zum Wirtschaftsminister gemacht.

Diepgen schwingt in Berlin die Verfassungsschutzkeule gegen die PDS. Das zeigt, was für ein brillanter und entscheidungsfreudiger Politiker der flotte Eberhard ist: Verfolgung schweißt bekanntlich zusammen, und Solidarität und Zusammenhalt kann die PDS bei den demnächst stattfindenden Wahlen gut gebrauchen. Ignorant darf man nicht sein, Ignoranz muß man vortäuschen. Aber das ist vielleicht ein bißchen hoch für Diepgen.

Greta Wehner hat angerufen: Die Witwe ist aus der SPD ausgetreten. Oder war es umgekehrt? Über Frau Seebacher-Brandt keine Meinung haben zu müssen, das beruhigt ungemein. Die CDU hat sicher genügend Stoff, um zu dem Thema das Maul zu halten. Diese Partei nimmt ja gerne kein Blatt vor den Mund, wenn sie nichts zu sagen hat.

Habe eine Umfrage unter US-Bürgern gelesen: Vierzig Prozent denken täglich öfter an Geld als an Sex, bei dreizehn Prozent ist das umgekehrt, zweieinhalb Prozent denken weder an das eine noch an das andere, und acht Prozent wissen überhaupt nicht, an was sie denken.
Ein Schröder denkt am liebsten an sich.

Februar

Habe mit dem Kanzler im Hannoverschen Opernhaus um eine Kiste Rotwein gewettet, daß ich in drei Jahren bei der Bundestagswahl gegen ihn antrete und natürlich auch gewinne. Wenn Mama das noch erlebt hätte: Ich und der Kanzler der Bundesrepublik Deutschland wetten um die Kanzlerschaft und notieren die Bedingungen auf einem Bierdeckel, Wahnsinn! Als ich nach Hause gekommen bin, waren mal wieder zwei unserer fünf Goldhamster gestorben. Lagen tot in meinen Hausschuhen. Habe sie noch in der Nacht im Garten begraben. Archäologen späterer Jahrhunderte werden die Welt nicht mehr verstehen: Hamster-Massengrab in Lehrte-Immensen, wahrscheinlich eine Kultstätte.

Heute (18. Februar) schreit die »Bild«-Zeitung: »Hilfe! Deutschland schrumpft immer mehr. Jedes Jahr gibt's 113 000 Deutsche weniger!« Da kann ich nun entweder die Leistungsfähigkeit deutscher Penisse in Zweifel ziehen, oder ich verweise auf den positiven Aspekt dieser Meldung: Bei gleichbleibender Schrumpfungsrate werden wir in rund fünfunddreißg Jahren keine Arbeitslosen mehr haben. Bemerkenswert vor allem der Schlußsatz der »Bild«-Meldung: »Die Gesamtzahl der Bevölkerung wird nur durch Zuwanderungen von Ausländern ausgeglichen.« Fehlt nur noch, daß uns diese Kameraden in den Rücken fallen und neue liberale Asylgesetze verlangen.
Hillu hat mich heute früh beim Zähneputzen gefragt: »Ist Margarethe Schreinemakers eigentlich Deutsche? Sie wohnt ja wohl in Belgien, und der Name ist doch holländisch, oder? Schreinemaker, heißt das nicht auf deutsch Sargtischler?« Mir ist die Tussi egal, ich habe nur gehört, sie hat sich das Kreuzband im Knie operieren lassen. Dabei wär's an den Polypen viel notwendiger gewesen.

Großer Streit um den Solidarzuschlag. Wenn ich mir vorstelle, ich wäre an der Regierung und wir hätten den eingeführt, mein lieber Mann, das wäre ein Gezeter! Selbstverständlich schwächt der Solidarzuschlag die Kaufkraft und behindert so den Aufschwung. Aber wir Sozialdemokraten sind auch die einzigen, die immer das Solidarprinzip hochgehalten haben. Und daß ein Solidaritätszuschlag notwendig ist, bestreitet niemand. Aber beim Solidarzuschlag hört die Solidarität auf: Ich bin der einzige, der in der Lage ist, unserem deutschen Volk diese schwierige Materie plausibel zu machen. Spagat ist mein Hobby.

Der Kanzler hat der Türkei Finanzhilfe beim Bau von Kriegsschiffen versprochen: zwei Fregatten Meko 200 T, hundertfünfzig Millionen Deutschmark. Jetzt kungeln sie, an welcher Stelle im Bundeshaushalt diese Peanuts verbucht werden. Der Haushaltsausschuß sagt: Das ist eine Werftenhilfe, also Subvention, also kommt das in den Einzelplan des Wirtschaftsministers. Rexrodt sagt, das sind Kriegsschiffe, der Kamerad Rühe soll das in den Verteidigungshaushalt nehmen. Rühe sagt, die Schiffe sind ja nicht für die deutsche Bundesmarine, sondern für die türkische. Soll sich der Kinkel drum kümmern. Kinkel sagt, wieso muß ich bezahlen, was der Kanzler versprochen hat? Der Kanzler sagt: Ich kann versprechen, was ich will. Was er sich dabei denkt, ist klar: Wir haben rund achtzig Millionen Steuern zahlende Deppen zur Verfügung, das sind pro Nase noch nicht mal zwei Mark. Aber uns wegen des Solidarzuschlags anmachen. Der Mann hat's drauf, der kann was.

Der Baulöwe Schneider – wieso eigentlich Baulöwe: König der Tiere? Bauratte! – hatte ja schon einiges zu bieten, aber dieser Nick Leeson, ein achtundzwanzigjähriger Finanzjongleur, ist einfach sensationell. Der hat sich um einige Milliarden verspekuliert, und eine englische Bank ist deswegen pleite gegangen. Und das hat niemand rechtzeitig gemerkt, das hat keiner vorher gewußt. Der Bub konnte mit dem Geld einfach so rummachen wie eine Küchenhilfe mit Kartoffeln. Und wenn er Erfolg gehabt hätte, wäre er sofort zum Direktor befördert worden. In Bayern würde man so einen zum Ehren-Amigo ernennen. Ich meine, der Junge gehört nicht in den Knast, sondern in die Vorstandsetage der Deutschen Bank. Und in mein Finanzministerium würde ich ihn mit Kußhand nehmen. Der würde dann meine Ostfriesenmafia ganz schön aufmischen.

Mainhardt Graf Nayhauß, Kolumnist bei »Bild«, Enddarmbewohner des Kanzlers, berichtete heute, eine Woche vor den hessischen Landtagswahlen, über ein Staatsbankett zu Ehren des Kanzlers im Weißen Haus: »Höfischer Glanz – Marmorsäulen, Kristallüster, Kammermusik, blaugoldenes Präsidentensiegel über weißer Flügeltür. Ordonnanzen mit goldenen Schnüren, Ordensspange und Lack-

schuhen. Offiziersbegleitung für jeden Mitarbeiter Kohls, Kanzleramtsminister Bohl eskortiert von einem weiblichen Hauptmann.«
Pressefreiheit haben wir erst, wenn alle Journalisten eingesperrt sind.
Amerikanischer Präsident kann ich ja leider nicht werden, eher schon König von Deutschland.
Ob Hillary selbst kocht und auch jedes Gemüse unter einem dicken Käsebaatz verschwinden läßt? Wenn unsere Ponys mit Möhren gefüttert werden, muß ich immer eine mitessen.
Ich habe es satt, von den Weibern in dem von mir finanzierten Haus immer »Gerda« genannt zu werden. Aber wenn ich mir das verbitte, fangen sie an zu lachen. »Ein schwacher Mann« = Pleonasmus (Salman Rushdie), lese ich. Einen Schröder möchte ich da mal ausnehmen.

Enorme Gipfel haben wir in den letzten Jahren bestiegen: den Umweltgipfel in Rio, den Menschenrechtsgipfel in Wien, den Bevölkerungsgipfel in Kairo, dazu alle möglichen G7-Gipfel, EU-Gipfel, IWF-Gipfel, Weltbankgipfel, nicht zu vergessen der Berliner Klimagipfel und jetzt der Kopenhagener Sozialgipfel der UNO. Man will die Armut bekämpfen, irgendwie, man will die Rechte der Frauen stärken, irgendwie, und die Ökonomie soll die Ökologie berücksichtigen, irgendwie. Alle fordern »offensives Nachdenken«, irgendwie.
Die Bundesregierung meint, irgendwie soll jeder erst mal bei sich selbst die Probleme angehen. Es ist der Gipfel der Unverschämtheit, sagt Hillu, und sie wirft mir vor, daß ich nichts tue. Dabei bin ich in diesem Monat schon zweimal mit dem Hund gegangen.

Heute über eine interessante Frage nachgedacht. Könnte es sein, daß Umweltministerin Angela Merkel denkt? Oder wenn, dann im geheimen? Frau Merkel meint, eine Energiesteuer fördere die Erneuerung der deutschen Industrie und sei gleichzeitig nützlich für das Klima. Und dann hat sie verkündet, die Bundesregierung wolle das Flugbenzin besteuern. Das finde ich originell. Der Kanzler aber nicht. Er machte Frau Merkel klar, sie habe ihn zu fragen, bevor sie

etwas sagt. Das ist die deutsche Alternative: entweder Ossiproporz-tussi sein und das Maul halten oder laut nachdenken. Beides zusammen geht nicht – weder mit diesem Kanzler noch mit dieser Ministerin.
Übrigens habe ich sie im Verdacht, ein altes Haarteil vom »Baulöwen« Schneider aufzutragen.

Gut gefallen hat mir die Tagung der europäischen Landwirtschaftsminister am Wochenanfang in Brüssel. Dort ging es um die gruseligen Schlachtviehtransporte. Für die hat man eine Intervall-Lösung gefunden: Nach acht Stunden Autofahrt soll es jetzt für Kuh, Schwein und Schäfchen eine Pause geben. Wir werden also demnächst erleben, wie die siechen Tiere von einem freundlichen Chauffeur auf einen Spaziergang und zu leichten gymnastischen Übungen auf unseren Autobahn-Raststätten-Parkplätzen geführt werden. Geplant ist auch ein gemeinsames Wasserabschlagen. Die »Tagesthemen« machten darüber hinaus den feinen Vorschlag, die Landwirtschaftsminister sollten sich selbst mal auf einen LKW begeben und eine entsprechende Testfahrt von Flensburg nach Neapel unternehmen. Das gefiel wiederum Hillu, sie will aber den Herren, wie bei Schweinen üblich, die Schwänze coupieren.

März

Hillu hat mich in gereiztem Ton gefragt, ob ich nicht irgendwann mal mit der Sauferei und den ewigen Currywürsten aufhören will. Ich habe geantwortet, die Currywürste esse ich sowieso nur heimlich, und außerdem habe ich keine Lust zu verdursten, nur um ein Jahr länger zu leben.
Die Nacht vom 3. auf den 4. März habe ich mal wieder in der Abstellkammer verbracht. Sind im Moment so pleite, daß ich bald vom Taschengeld der Töchter leben muß. Warum nimmt uns Herr Waigel nicht einfach alles und stellt dem Volk Baracken und Gulaschkanonen hin?

Die Abgeordneten im Bayerischen Landtag wollen sich ihre Bezüge jetzt um siebundzwanzig Prozent erhöhen. Die Parteien sind sich alle einig. Das sind dann die teuersten Abgeordneten in ganz Deutschland. Renate Schmidt, die Rache des Dirndls am Hosenrock, behauptet, die Erhöhung der Diäten sei überfällig, sonst gibt es bald für die Parlamente keinen Nachwuchs mehr. Die will also so eine Form von Kindergeld. Finde ich unterstützenswert.

Der FC Bayern München hat sich intellektuell enorm verstärkt: Jetzt sitzt auch noch Peter Boenisch im Beirat. Das ist der apostolische Nuntius unter den deutschen Tintenpissern.
Habe heute einen seiner gehaltvollsten Kommentare der letzten Wochen auf Seite zwei der »Bild«-Zeitung gelesen: »Der Aufbau Ost sollte der große Vorreiter sein: weniger Vorschriften, schneller Aufbau. Danach Entbürokratisierung auch im Westen. Doch es geschieht sehr oft das Gegenteil. Unternehmer klagen: sogar im vorbildlichen Sachsen wird gebremst. Ein Fall für Bund und Länder. Durch neue Regelwut droht neuer Schaden. Wir bezahlen die Beamten nicht, damit sie nur Schwierigkeiten machen ...« Ende. Tja, Ratlosigkeit in der Runde. Wer denn, wo denn, was denn? Keine Ahnung. Diagnose: Peter Boenisch leidet an Eloquentia senilis, Alterssabbelei.
Hätte große Lust, mal wieder Fußball zu spielen. Werde Stoiber um Vermittlung bitten, daß ich bei Gelegenheit beim FC Bayern mittrainieren kann.
Im Gegensatz zu B. ist der Kanzler ein vorbildlicher Kommentator. In der »Bild am Sonntag« schrieb er: »Jeder junge Mensch, der will, erhält die Chance einer Lehrstelle.« Das hat Klasse. Denn jeder, der nach Hollywood fährt, hat schließlich auch die Chance, Julia Roberts zu treffen und mit ihr die Nacht zu verbringen.

Immer, wenn Herr Kinkel einen Satz mit »ich will« beginnt, ist es Zeit, den Fernseher auszuschalten. Auf jeden Fall: Moskau soll deutsche Kunstschätze wieder rausrücken, die es nach dem Zweiten Weltkrieg hat mitgehen lassen. Sehr gut! Aber ich sehe schon afrikanische Regierungschefs mit Umzugswagen anrücken: Wir sind gekommen, um unser Eigentum aus euren deutschen Völkerkundemuseen abzuholen.

Die Mehrheit von CDU / CSU hat sich mal wieder dagegen ausgesprochen, die Urteile von NS-Militärgerichten gegen Deserteure, Kriegsdienstverweigerer und sogenannte Wehrkraftzersetzer generell aufzuheben. (Davon leben noch etwa dreihundert.) Begründung: »Nicht alle Urteile sind unrechtmäßig gewesen.« Das bedeutet: Die Mehrheit von CDU/CSU ist der Meinung, es sei gelegentlich Unrecht, sich der Beteiligung an einem Verbrechen zu entziehen oder dessen reibungslosen Ablauf zu behindern. Aber Rupert Scholz, der im Verdacht steht, bei jedem Waldspaziergang einen Stahlhelm aufzusetzen, meint, anderenfalls könnten die Gefühle jener Millionen deutscher Soldaten verletzt werden, die trotz Bedenken ihre Pflicht getan hätten. Ihre Pflicht? Trotz Bedenken? Da kommt ja nun wirklich der alte Juso in mir hoch: Wenn sie sich alle recht bedacht hätten, wären sie wohl drauf gekommen, daß es ihre Pflicht gewesen wäre, geschlossen zu Frau und Kind nach Hause zu gehen und ihre Gartenzwerge zu putzen. Dann wäre ihr Führer nicht mal bis Gleiwitz gekommen. Aber ein Schröder darf sowas nicht laut sagen. Er muß es nur wissen.

Ich leide, weil ich an das ganze deutsche Volk denken muß. Heute mittag beim Pinot Grigio dachte ich, es könnte einen guten Eindruck machen, wenn mir ein Skinhead eine leichte Schußverletzung zufügen würde. Muß Hermann Rappe fragen, ob man das eventuell diskret in die Wege leiten kann.

Das Thema der letzten Tage: Frau Dr. Heidi Schüller! Hillu kann sie nicht leiden, ich finde sie ganz attraktiv. Gut für Frau Dr. Schüller, daß man aus einem Schattenkabinett nicht entlassen werden kann, sogar Herr Scharping hätte sie sonst als Gesundheitsministerin gefeuert. Mag sein, sie hat Probleme mit ihrer Verwandtschaft, vielleicht einen Erbonkel mit Alzheimer oder eine kranke alte Tante, die ihr auf der Tasche liegt. Das promovierte Heidi will alten Menschen das Wahlrecht entziehen. Vermutlich ist ihr entgan-

gen, wieviel total verblödete junge Leute es gibt. Und jetzt will sie die gesamte Menschheitsgeschichte, in der die Erfahrung des Alters immer besonders geschätzt wurde, auf den Kopf stellen. Diese Frau Schüller hat überhaupt nicht mitgekriegt, daß beispielsweise, verglichen mit dem Kollegen Heiner Geißler, der FDP-Generalsekretär Guido Westerwelle ein ziemlich farbloser alter Sack ist, daß die angestaubte Claudia Nolte mit ihrem antiquierten Weltbild wesentlich greisenhafter daherkommt als Stefan Heym, daß der hundertjährige Ernst selbst heute noch wesentlich Jünger ist, als es CDU-Generalsekretär Hintze je war, und daß Willy Brandt auch noch an seinem Todestag viel frischer wirkte als die Kalkleiste Scharping. Ich denke, wenn hier, was das Wahlrecht angeht, überhaupt jemand zur Disposition steht, dann sind es ehemalige Weitspringerinnen und andere kinetische Fachidioten.
Mit was für einer gequirlten Scheiße muß ich mich eigentlich dauernd rumschlagen. Ich bin nicht alt, ich fühle mich nicht alt, ich bin einfach aus Erfahrung gut.

Die Kurden sind eine harte Nuß. Unstrittig ist, daß wir Waffen in die Türkei liefern. Folglich müssen wir auch die Kurden aus unserem Land in die Türkei deportieren, die sind sozusagen Panzer-Zubehör.
Innerhalb von vierzehn Tagen hat es rund hundert Anschläge auf türkische Einrichtungen in Deutschland gegeben. Täter wurden fast keine festgenommen. Wenn ich mir eine solche Anschlagserie auf deutsche Kirchen, Restaurants und Reisebüros vorstelle, da würde unsere Polizei ganz anders rotieren. Aber wir haben es ja hier allahseidank mit türkischen Opfern zu tun. Jede Menge Opfer, aber keine Täter. Mit nicht bewiesenen Schuldzuweisungen kann man prima Politik machen: Kanther will verschärft abschieben, Schäuble auch. Ich freue mich schon auf den Tag, an dem der vor dem Himmelstor steht und Einlaß begehrt: Dann wird er wohl erfahren, was es heißt, abgeschoben zu werden.
Und Beckstein, dieser Behelfsgauleiter, holt sich wieder mal Beifall von den Einfältigen im Lande, indem er verlangt, daß jeder abgeschoben wird, der als möglicher Straftäter hervorgetreten ist. Das

ist ja wohl selbstverständlich. Aber wir müssen ihn erst mal kriegen und ihm sein Verbrechen nachweisen. Offenbar brauchen wir sehr viel mehr Polizei, das ist zwingend, auch für Sozialdemokraten. Dann klappt das auch mit der Abschiebung.

April

In Hamburg wurde über Ostern ein Nichtraucherinnen-Radwandern über sechzig Kilometer angeboten. Das sind doch, psychologisch betrachtet, feministische Schreie aus dem Keller. Ich habe die Zeitungsanzeige meinen drei Weibern gezeigt – die finden so eine Action voll in Ordnung.

Professor Klaus Töpfer soll in einer Unterredung gesagt haben: »Vier mal sieben ist siebundzwanzig, nach Adam Riese. Habe ich mich verrechnet? Das hat mich irritiert, weil ich schon fast sieben Wochen keinen Alkohol mehr getrunken habe.« Mit anderen Worten: Der Bundeswohnungsbauminister findet im rationalen Bereich nur dann statt, wenn er randvoll ist.

Katholenvoodoo. Italien erlebt derzeit eine Inflation von Gipsmadonnen, die blutige Tränen weinen. Miracoli, kann man nur bewundernd ausrufen, vor allem, weil ein katholisches Krankenhaus herausfand, daß es sich wohl um Männerblut handelt. Ich denke, wir Deutschen müssen da mal ernsthaft dagegenhalten. Zum Beispiel könnten das Hermannsdenkmal im Teutoburger Wald oder der Herkules von Kassel wenigstens am Tag der deutschen Einheit echten germanischen Met ausschwitzen.

Große Freude bereitet mir das Sexualleben des österreichischen Kardinals Groer! Seiner Vorliebe für pubertierende Knaben soll er handgreiflich nachgegangen sein. Ein Kirchenfürst als Fummeltrine, es ist noch Leben unter den Soutanen, und wenn man ihn so betrachtet in seiner prächtigen Garderobe, in Gewändern, die noch viel femininer und geschmackvoller sind als das Outfit so mancher alten Schachtel auf dem Bundespresseball – was kann man denn den Buben besseres wünschen als einen intimen Kontakt mit einer solchen Persönlichkeit? Ich jedenfalls warte auf eine achtseitige Farbreportage mit Bildern voller Zärtlichkeit: Kardinal Groer meets Michael Jackson.

Die Mitglieder des Post-Ausschusses sind in Amerika, um amerikanische Telekommunikationsstrukturen zu studieren. Als ob man da nicht anrufen kann. Der Innenausschuß des Parlaments ist in Vietnam, wegen Information über die Rückführungsmöglichkeiten vietnamesischer Gastarbeiter. Etliche Mitglieder des Entwicklungshilfe-Ausschusses ziehen durch Nepal, Sri Lanka und Bhutan. Herr Blüm tourt durch Indien, Herr Spranger durch den brasilianischen Urwald und Argentinien, Herr Rexrodt durch Südostasien. Scharping soll nach Auskunft von Augenzeugen, die meinen, ihn erkannt zu haben, auf Mallorca radfahren. Töpfer guckt sich in New York Wolkenkratzer an, und Lafontaine versucht in Spanien die Halmaregeln zu lernen. All dies geschieht, während der Kanzler in Bad Hofgastein fastet und die Herren Schäuble und Kinkel auf ihren Balkonen herumlungern.
Der Abgeordnete Carl Ewen erklärt nach einer langen Reise durch Südafrika den Mitgliedern des Verkehrs-Ausschusses ganz klar: »Die Regierung der Nationalen Einheit steht vor großen Aufgaben im Bereich der Verkehrspolitik.« Das herauszufinden war gar nicht so leicht.
Und ich? Immer zwischen Lehrte-Immensen und Hannover on the road. Mittags bei Figellino oder im Interconti. Abends Blumenkohl mit Emmentaler überbacken. Und immer dieser Köter: Der winselt ununterbrochen, seit Herbert Wehner seinen Abschied genommen hat.

Ein siebenundzwanzigjähriger Flüchtling aus Togo hat sich im Hamburger Abschiebungsknast aufgehängt. Das ist seit Änderung unserer Asylgesetzgebung vor eineinhalb Jahren der zehnte. Noch ein Jubilar gewissermaßen in unserer an Jubiläen so reichen Zeit.

Merkwürdig, wenn jemand vor der Landung auf dem Flughafen seiner Heimat mehr Angst hat als vor einer Strangulation in der Zelle.
Hoffentlich lesen meine Weiber das nicht in der Zeitung. Sonst kann ich denen wieder stundenlang klarmachen, daß ich kein Schreibtischtäter bin.

Der Arbeitsschutzfachmann des DGB, Reinhold Konstanty, ist verrückt geworden. Wahrscheinlich wegen Überarbeitung. Er hat gefordert, die deutschen Arbeitnehmer sollen um die Mittagsstunde ein Nickerchen von fünf bis fünfzehn Minuten Dauer machen dürfen. Ein Irrsinn. Will er wirklich jeden Mittag jeden Beamten wekken und ihm sagen, du mußt jetzt dein Nickerchen machen?
Pünktlich um zwölf: Die Lehrer, die Großraumbüros, die Piloten in den Flugzeugen, die Kassiererinnen bei Aldi, alle schnarch, schnarch, und die Polizisten kuscheln mit den Taschendieben. Bleibt die Frage: Wenn nun einer kein Auge zutun kann, kriegt der dann von seinem Arbeitgeber einen Schlaftablettenzuschuß? Andere Frage: Kann zum Beispiel ein Müllmann mittags auch wachbleiben und Nickerchen ansparen, die er dann auf einen Rutsch auf der Deponie wegpennt? Und wird Straßenbauarbeitern ein Dienst-Ohropax zur Verfügung gestellt? Ja, das sind wirklich revolutionäre Pläne. Unser DGB ist echt ausgeschlafen.
Und in dem Verein bin ich Mitglied.
Aber ich kann doch nicht auch noch DGB-Vorsitzender werden.

Der Kanzler hat ein Interview gegeben. Nicht in seinem und Leo Kirchs Arschkriechersender, sondern dem Bayerischen Rundfunk: Wieder mal meisterhaft. Die Journalisten fragten nix Besonderes, der Kanzler, etwas übellaunig, antwortete nix Konkretes. Im Bad Hofgasteiner Bauernstubenimitat lautete sein Kernsatz: »Ich bin kein Thema für Sie. Ich bin da.« Immer wieder vorbildlich, wie der Mann jeden Widerspruch abfedert.

Plutonium von Moskau nach München mit der Lufthansa zu transportieren: Ich halte mich da raus. Kein Kommentar. Nix.

In einem Leserbrief an die »Bild«-Zeitung steht, der BND könne den Plutonium-Deal gar nicht gefingert haben, die Aktion habe schließlich geklappt.
Also, ich bin sicher, daß unser Geheimdienst weder das Giftgas nach Tokio geschafft hat noch an der Bombe von Oklahoma beteiligt war, und er hat auch nicht die Gasleitungen in Korea oder Sibirien aufgedreht. Er kann ja nicht mal ein Erdbeben veranlassen oder Wirbelstürme, geschweige denn meine Frau zu der Einsicht bewegen, daß sieben Goldhamster im Haus mindestens zwei zuviel sind. Für die Öffentlichkeit überzeugend (für mich weniger) das Statement des Kollegen Schmidbauer: Seine persönliche Ehre stehe auf dem Spiel, und Frau und Kind hätten schwer zu leiden unter der Hetzkampagne gegen ihn. Es hat nicht viel gefehlt, dann hätte er damit gedroht, sich in einem Genfer Hotel angezogen in die Badewanne zu legen.
Auf jeden Fall müssen wir (die SPD) den Sturz des Staatsministers Schmidbauer verhindern! Sonst macht der Kanzler einem von uns das Angebot, den Posten zu übernehmen, und wir haben ja nun wirklich niemanden, der in diesem Job sein Geld wert wäre.

Diese Castor-Transporte nerven. Und die Bevölkerung im Wendland stellt sich an – kein Einblick in die Notwendigkeit. Monika Griefahn zickt rum, Hillu quasselt mich voll: Erhaltung von Lebensräumen für Störche und Fledermäuse, Schutz nordischer Singvögel, Pflege der heimischen Streuobstwiesen. Und auf der anderen Seite ich mit der milliardenschweren Atomindustrie. Blöde Situation, die Castornummer kostet mich Stimmen.

Angela Merkel, auf die Sicherheit der Castor-Behälter angesprochen, meinte, auch beim Backen könnten mal ein paar Krümel danebenfallen, und der Kuchen schmecke dann trotzdem. Der Satz ist brunsdumm, vielleicht war sie zu lange in der Gegend von Krümmel. Hillu sagt, den Kuchen nennt man dann wohl Tschernobyl, und den Opfern können wir nur ein fröhliches »Mahlzeit« hinterherrufen. Die 4,8 Tonnen strahlender Stoffe im Castor sollen fünfmal mal mehr Radioaktivität, als in Tschernobyl freigesetzt wurde, enthalten, sagt Hillu, mit den Füßen in unserem Gartenteich.

Ich bin besorgt: Auch Knüppelorgien und Kampfgasgeschwader konnten seinerzeit die WAA Wackersdorf nicht durchsetzen. Schließlich ist die Industrie genervt aus der Oberpfalz geflohen. Und wenig später ist Franz Josef Strauß gestorben. Das muß ich nicht haben.
Außerdem bin ich stocksauer auf die regierenden Genossen Schäfer (Wirtschaft) und Spöri (Umwelt) in Baden-Württemberg. Die hätten jede Chance gehabt, den Castor-Transport wirklich zu blockieren: Das Bundesland, in dessen Regierung die Herren sitzen, hält maßgebliche Anteile an der Betreibergesellschaft des AKW Philippsburg.

Ich bin wirklich in einer saublöden Situation. Der alte Grinsgram Albrecht hat schon vor sechzehn Jahren laut gesagt, die Atom-Entsorgungspläne der Bundesregierung und der deutschen Stromwirtschaft in Niedersachsen seien »politisch nicht durchsetzbar«. Heute soll ich also das politisch nicht Durchsetzbare polizeilich durchsetzen. Jetzt warte ich auf den nächsten, der mir was von Politikverdrossenheit erzählt.

Gottseidank haben sich die Grünen mittlerweilen zu einer staatstragenden und um Regierungsbeteiligung ringenden Partei entwikkelt, deren Wirken sich auf das Erteilen mehr oder minder überflüssiger Ratschläge beschränkt. Ein echter Junior-Partner. Viele von ihnen gehören, obwohl sie es nicht gern zugeben, in meine Partei. Sie fehlen jetzt rund um Gorleben beim Widerstand auf Straße und Schiene, was die Dinge für mich natürlich vereinfacht.

Manchmal frage ich mich, warum wird dieser Castor-Transport eigentlich über Land abgewickelt? Wie Plutonium heutzutage am sichersten transportiert wird, das weiß man doch, das haben BND und Bayerisches Landeskriminalamt herausgefunden: mit der Lufthansa. Über den Wolken hätten sich wohl kaum Demonstranten und Blockierer eingefunden. Daß die Lufthansa den Castor befördert hätte, davon kann man ausgehen. Der ist schließlich lange nicht so gefährlich wie der Dichter Salman Rushdie.

Ein Gutes hat der Transport: Wir provozieren Widerstand und können so herausfinden, wer in diesem Land überhaupt noch aufzumucken wagt. Wir brauchen dieses Protestpotential, denn wenn es das nicht mehr gibt, läßt sich eine weitere polizeiliche Aufrüstung kaum rechtfertigen.

Heute endlich mal was Heiteres: Die »Bild«-Zeitung hat die heikelste Frage der Männerwelt ein für allemal beantwortet. Ich weiß jetzt, ob ein Minderwertigkeitskomplex hinsichtlich meiner anatomischen Gegebenheiten angebracht ist oder nicht, ob ich mich in der Sauna genieren muß und ob ich, wenn ich eine Frau mit meinen Fortpflanzungsorganen bedrohe, eventuell höhnisches Gekichere hervorrufe, weil ich biologisch so unterversorgt bin.
Die »Bild«-Zeitung hat ein Zentimetermaß abgebildet, genau dreizehn Zentimeter, das kann man nun ausschneiden und im geeigneten Moment – stehen muß er, stehen! – anlegen. Mißt der Penis im erigierten Zustand 12,95 Zentimeter, dann hat er die Norm beziehungsweise Durchschnittslänge. Ich hab's überprüft, ich stehe wie üblich über dem Durchschnitt. Neben dem Zentimetermaß war übrigens ein Kreis mit einem Durchmesser von 3,96 Zentimetern abgebildet, was einem Umfang von 12,44 Zentimetern entspricht, aber diesen Kreis nun zwecks weiterer Überprüfung auszuschneiden und gewissermaßen überzuziehen, das erwies sich als unmöglich, nicht, weil Zeitungspapier so leicht zerreißt, sondern weil die Erektion angesichts eines Kommentars von Paul C. Martin einfach in sich zusammenfiel.

Paul C. Martin ist mir als »Bild«-Kommentator fast so lieb wie Peter Boenisch, weil er absolut unverfroren ist. Paul C. Martin verscheißert die »Bild«-Leser nach allen Regeln der Kunst: »Der deutsche Steuerzahler wird genug gemolken und will nur eines: Steuern runter.« – Soweit richtig. Aber nun kommt's: »Amerika macht das seit Jahren vor. Resultat: Riesen-Wirtschaftswachstum, weniger Arbeitslose als bei uns. Dadurch sogar mehr Staatseinnahmen. Und vor allem: staatszufriedene Bürger.«
Das hat Klasse! Zu verschweigen, daß bei allem amerikanischen

Wachstum die Schere zwischen Arm und Reich immer größer wird, daß nur zwanzig Prozent der Bürger vom Aufschwung profitieren, daß dort mittlerweile vierzig Millionen Menschen nach offizieller Lesart in Armut leben, daß das durchschnittliche Haushaltseinkommen rapide gesunken ist, daß das Bildungssystem so kaputt ist, daß nicht mal jedes Kind lesen und schreiben lernen kann, und daß sich die wenigsten Amerikaner noch Urlaub im Ausland leisten können, das alles als nachahmungswürdig hinzustellen: Respekt!
Ich vermute, der Kreis mit 3,96 Zentimetern Durchmesser, das ist nicht die Normgröße eines erigierten Penis, sondern wahrscheinlich der Gesamtumfang des Gehirns von Paul C. Martin beim Abfassen von »Bild«-Zeitungs-Kommentaren.

Mai

Lautstarkes Blablabla um den 8. Mai: Wurden die Deutschen vor fünfzig Jahren besiegt oder befreit? Der alte Dregger reißt besonders weit das Maul auf. Wenn das nur annähernd einen Erfolg verspräche, würde ich ihm gern laut sagen: Hätten die Russen unter der Führung von Josef Stalin nicht dauernd unsere Schlesier vertrieben und unsere deutschen Frauen vergewaltigt, dann hätten Sie, Herr Dregger, auch keinen Grund gehabt, 1941 in die Sowjetunion einzumarschieren. Und ohne Sie, Herr Dregger, und ohne Ihre Kameraden, ohne die über jeden Zweifel erhabene deutsche Wehrmacht, wäre es nicht mal möglich gewesen, 1939 den Sender Gleiwitz zu verteidigen. Und ohne den Opfermut von Ihnen, Herr Dregger, ohne Ihren und Ihrer Kameraden erbitterten Widerstandswillen, hätte der Betrieb lukrativ arbeitender Arbeitslager schon viel früher eingestellt werden müssen.
Das deutsche Volk ist damals besiegt worden, obwohl es treu und voller Pflichtgefühl hinter seiner Regierung stand und heldenhaft gegen einen übermächtigen Gegner kämpfte, um dem Nationalsozialismus und der Herrenrasse zum Endsieg zu verhelfen. Dieses unser Volk ist nicht von den Nazis befreit worden, als seien das

lästige Flöhe gewesen, es ist vielmehr als deren Köter mitbesiegt worden. Befreit wurden andere.
Ein Schröder vergißt nie, woher er kommt: von links.

Klar kann man eine Niederlage feiern. Ich persönlich bin schon froh, daß ich heute nicht in Wladiwostok auf dem Adolf-Hitler-Platz wohne oder als Sekretär des NS-Juristenverbandes im Braunhemd Judenwitze erzählen muß. Das ist allemal ein Grund zum Feiern.
Darüber, daß so eine selbstverschuldete Niederlage reichlich unangenehme Begleitumstände mit sich bringen kann, darüber hätten Sie und ihre Volksgenossen, Herr Dregger, sich ein bißchen früher Gedanken machen müssen. Die Gelegenheit dazu hatten Sie seit 1933. Oder sogar schon früher. Jetzt das bittere Unrecht zu beklagen, das dem deutschen Volk widerfahren ist, erinnert mich an einen Mann, der besoffen das Haus ansteckt und dann die Feuerwehr verklagt, weil seine Frau einem auf dem Grill verkohlten Lammkotelett ähnelt.

Wir müssen immer wieder betonen, daß Adolf Hitler Österreicher war. Leider hat er sich in Deutschland dadurch unbeliebt gemacht, daß er einen zunächst erfolgversprechenden Krieg doch noch verlor. Vielleicht sollten wir bei den nächsten Wahlen plakatieren: Nie wieder Fremdherrschaft – SPD!

An die Spitze der entbehrlichsten aller Parteien tritt ein Spitzendenker: Wolfgang Gerhardt. Ich habe nach einem Satz von ihm gesucht, der Aufschluß gibt über seine politischen Vorstellungen, und bin fündig geworden: »In schwierigen Zeiten empfiehlt sich eine Präzisierung in politischen Feldern, die nach allem menschlichen Ermessen unser Land zu dem gemacht haben, was es heute ist, und sie auch politisch ins Zentrum zu stellen, ehe man meint, das Rad neu erfinden zu müssen.«
Damit hat Herr Gerhardt das Recht des FDP-Chefs, absoluten Unsinn zu reden, für alle Zukunft sichergestellt.

Ein fader Nichtsnutz namens Guido Westerwelle, der auf mich wirkt wie ein schwules Fielmann-Model, trägt den hochtrabenden Titel eines »Generalsekretärs« der FDP. Der verbreitet als Überlebensmotto seiner Pfründen-Leasing-Truppe den Slogan: »Man muß einmal öfter aufstehen, als man hinfällt.« Jedes spielende Kind weiß, daß es technisch unmöglich ist, einmal mehr aufzustehen, als man hingefallen ist.
Ich sage: Liegenbleiben, Westerwelle, einfach liegenbleiben.

Beeindruckend wieder mal der Kanzler. In seinem Privatsender SAT 1 teilte er der Öffentlichkeit mit: »Wir müssen jetzt aufpassen in der Politik, daß wir nicht endlich begreifen, daß die Jungen schon jenseits des Berges in Europa angekommen sind, und wir sitzen immer noch vor den Toren, obwohl wir nicht mehr vor den Toren sitzen.«
Sensationell – sein deutsches Volk versteht ihn trotzdem.

Spaß macht mir der Entwurf eines Konzepts zum großen Umzug von Bonn nach Berlin aus Herrn Töpfers Bauministerium. Darin heißt es, am wichtigsten sei es, die Funktionsfähigkeit der Bundesregierung vor, während und nach dem Umzug zu gewährleisten. Außerdem soll die Zahl der tatsächlich vom Umzug betroffenen Beschäftigten deutlich kleiner gehalten werden als die Zahl der zu verlagernden Arbeitsplätze. Die sogenannte Folgepflicht soll aufgehoben werden, falls den Betreffenden aus besonderen persönlichen oder familiären Gründen ein Umzug nicht zugemutet werden kann. Wenn also jemand schwerbehindert ist oder schwerbehinderte Familienmitglieder oder pflegebedürftige Angehörige oder schulpflichtige oder studierende Kinder oder Wohneigentum oder auch einen herausragenden kommunalpolitischen Posten hat, der muß nicht von Bonn nach Berlin umziehen. Bei dem zieht nur der Arbeitsplatz um.
Also, ich denke auch: Die Funktionsfähigkeit der Bundesregierung ist am ehesten gewährleistet, wenn die Bediensteten einfach zu Hause bleiben.

Zum 8. Mai ist mir noch eingefallen: Die Demokratie in Deutschland konnte ja nur entstehen, weil achteinhalb Millionen NSDAP-Angehörige, eine Million SS-Männer, die Hitler-Beamtenschaft und die Himmler-Polizei ihren Eid brachen und auf die andere Seite übergelaufen sind. Unser Rechtsstaat basiert eben auch auf den Deserteuren des geschlagenen Nazilagers.
Überlege, ob ich diesen Gedanken in meine Rede in Dresden demnächst einfließen lasse. Oder kann die dortige Bevölkerung das auf sich beziehen und mißverstehen?

Hillu tourt mal wieder durch Weißrußland und die Ukraine. Ich habe Probleme, mir morgens einen einigermaßen ordnungsgemäßen Schlipsknoten zu binden, und Madame kümmert sich um Strahlenopfer, denen meistens sowieso nicht zu helfen ist.
Da lese ich manchmal Kontaktanzeigen. In der »Neuen Bildpost«, der Wochenzeitung für Christen im Alltag, fand ich folgendes Gottesgeschenk: »Einfühlsamer, konservativ bürgerlicher Akademiker (44, 1,88) sucht bibeltreue Frau (Demut, Buße, Sühne, Zucht, Gehorsam sollten keine Fremdworte sein!) zwecks Ehe. Trennung oder Scheidung aus christlichen Gründen ausgeschlossen. Vertrauensvolle Zuschriften ...« Fehlt nur noch der Hinweis: Während des Geschlechtsverkehrs (Missionarsstellung obligatorisch) hat meine zukünftige Frau zur Abwendung unkeuscher Gedanken den Börsenbericht zu lesen (laut).

Papst Johannes Paul II. hat bei seinem Besuch in Tschechien behauptet: »Der Kommunismus war ein furchtbarer Unfall.«
Ich finde, nicht nur ich, auch der Papst muß wirklich aufpassen, was er sagt. Ich meine, Unfälle entstehen durch technische Defekte, Ungeschick, Leichtsinn, Trunksucht, vergessene Pillen oder defekte Kondome. Der Papst will ja wohl nicht mitteilen, ausgerechnet die Firma mit der eindrucksvollsten Pannenstatistik, die die Menschheit kennt, seine Großsekte, sei eine Filiale der Allianz.

Der Showmaster Harald Schmidt hat offenbar eine ungewöhnlich hohe Ekelschwelle. Über seinen Antrittsbesuch bei Leo Kirch, dem

Papst der Filmrechte, seinem künftigen Arbeitgeber bei SAT 1, berichtet Herr Schmidt in »Focus« wörtlich: »Das war eine der zwanglosesten Begegnungen, die ich je mit einem Fernsehboß hatte, wirklich was Spezielles. So stelle ich es mir amerikanisch vor. Absolut easy. Nehmen Sie Platz, wollen wir was trinken, wie sieht es aus, meine Herren? Keine Notizen, sondern alles im Kopf, alle Zahlen. Nicht Geld! Quoten. Entwicklungen, Marktanteile ...«
Brav, Harald: Männchen machen, Pfötchen geben, Schleimspur legen, Arschkriechen. So will ich meine Kabarettisten.

Wenn man als devisenträchtiger Tourist früher in den Ostblock fuhr, konnte man immer wieder konstatieren: Von allen sogenannten sozialistischen Staaten war die DDR der weitaus unangenehmste. Um diese gewachsene und liebgewonnene Abneigung zu hegeln und zu flegeln, muß man nur hin und wieder in die Zeitungen der sogenannten neuen Länder schauen, die »Ostseezeitung« zum Beispiel oder die »Leipziger Volksstimme«. Aus Parchim habe ich gelesen: »Ein weiterer Höhepunkt im Rahmen der Feierlichkeiten zum 825. Jahrestag der Ersterwähnung der Burg Parchim wird am Sonnabend das 15. Parchimer Schützenfest der Parchimer Schützengilde 1410 e.V. sein. Besonders geprägt wird es durch die feierliche Übergabe der Vereinsfahne durch seine Hoheit Christian Ludwig Herzog von Mecklenburg.«
Das hat Stil: den Adel hochleben lassen, aber PDS wählen.

Der dumme Kinkel hat es abgelehnt, vom Dalai Lama einen Seidenschal anzunehmen. Vielleicht hatte er Angst, daß er ihn erwürgen will. Aber Kinkel sagt, er erhielte bei vielen offiziellen Begegnungen Geschenke, darunter Kleidungsstücke, die er auch nicht unmittelbar bei der Übergabe anlege.
Ich meine, bei Socken oder Unterhosen ist das verständlich. Aber wenn da so ein Karnevalsverein kommt und ihm eine Narrenkappe aufsetzt, stellt er sich nicht so an. Kinkel weiß eben, was ihm steht.

Es hat keinen Sinn, den Kanzler zu attackieren. Die Deutschen sind dankbar, daß sie nicht so ein welkes Surfergesicht als Regierungschef wie die Engländer haben oder so einen Friedhofsredner wie die Franzosen, dessen Leibspeise Kalbskopf ist und der im Gegensatz zu seinem Vorgänger nicht mal eine uneheliche Tochter hat, von der wir wissen, oder einen Anonymus wie die Italiener.

Der Plutonium-Deal hat einmal mehr gezeigt, wie clever der Kanzler ist: Er hat sich von Herrn Schmidbauer vorher so vage informieren lassen, daß er genau Bescheid wußte. Wenn er vorher nichts darüber erfahren hätte, hätte er Herrn Schmidbauer wegen grober Verletzung der Amtspflichten sofort feuern müssen. Hat er aber nicht. Warum? Weil es ihm egal ist, wenn ein paar Intellektuelle denken, daß der Kanzler nicht alles mitkriegt, was so passiert. Das ist schließlich weniger schlimm, als wenn er zugeben würde, daß er alles vorher gewußt und nichts dagegen unternommen hat. Große Politik – da kann ich nur von ihm lernen.
Ich wette, der Kanzler hat insgeheim längst die Anweisung erteilt, in Zukunft werden alle Plutonium-Transporte unter einem Kilo von Moskau nach München per Eisenbahn erledigt. Und Schmidbauer selbst muß das Zeug in seinem Koffer zwischen den Hemden verstecken.

Ich werde wahnsinnig: der ganze Garten voller Bienen. Schönes Wetter, und ich kann nicht auf der Terrasse sitzen. Abreißen, unterpflügen, zubetonieren und grün anstreichen, das ganze Grundstück. Bin äußerst mißlaunig, muß aber heile Welt spielen. Warte, daß Hillu eigenen Honig herstellen will. Sie zeigt mir den Entwurf für eine neue europäische Honigverordnung. Die Imker sagen, die Bienenzucht sei von strategischer Bedeutung infolge des Beitrags, den sie dank der Bestäubung durch die Bienen zu vielfältigen Agrarproduktionen und, in noch stärkerem Maße, zum ökologischen Gleichgewicht leistet, und deswegen sei eine Bestäubungsprämie fällig. Und außerdem, da Bienen es in hügeligem Gelände besonders schwer haben, sei auch noch eine Bergausgleichszahlung angebracht. Die haben doch alle einen Stich.

Die Tage schreckliche Fernsehbilder aus Afrika: Ebola-Virus. Das Außenministerium rät aufgrund der im zentralafrikanischen Zaire aufgetretenen Virusepedemie bis auf weiteres dringend von Reisen ab. Überlegungen, die Abschiebung abgelehnter Asylbewerber dorthin zu unterbinden, gibt es derzeit weder im Innenministerium noch bei den Innenbehörden der Länder. Vermutlich sind die Neger letztlich doch nicht so anfällig wie unsereins.

Amnesty International legt einen Bericht über Deutschland vor, in dem die Rede ist von zahlreichen Fällen grausamer, unmenschlicher und erniedrigender Behandlung, von ausgeschlagenen Zähnen, Prellungen, sogar von Knochenbrüchen, von Fausthieben und Mißhandlungen, die der Folter gleichkommen. Die Opfer sollen in erster Linie ethnische Minderheiten und dunkelhäutige Fremde sein. Ich halte das alles für etwas übertrieben.
Die Deutschen sind zur Zeit zwar erstaunlich boxsportbegeistert, aber die Kämpfe verlaufen alle gemäß internationalem Reglement.
Eine andere Form von Folter: das Abendbrot. Bohnen, Erbsen & Tofu unter Mozzarella begraben.

Ich gebe zu, daß ich Bangemann immer für entbehrlich gehalten habe, und ich war auch immer der Meinung, er solle sich bei seinen Mahlzeiten in Brüssel bloß nicht stören lassen. Nun hat er sich zwischen zwei Gängen politisch doch nochmal gerührt. Nach seinem Willen soll nur ein Teil der Gen-Nahrung für den Verbraucher etikettiert und dadurch erkennbar sein. Der nicht minder entbehrliche Herr Rexrodt ist derselben Meinung. Die Herren meinen, daß zum Beispiel die in den USA bereits käufliche genveränderte Tomate nicht besonders gekennzeichnet werden müsse, weil sie sich von einer herkömmlichen Tomate nicht wesentlich unterscheide. Auch gentechnisch hergestellter Käse auf einer Pizza oder aus genmanipulierten Rüben hergestellter Zucker in Bonbons würde uns nichts ausmachen, weil wir's ja doch nicht merken.
So leid es Hillu tut: Wahrscheinlich haben die Herren recht. Ich halte die Forderung für überzogen, die da lautet: Wo Gen drin ist,

muß auch Gen draufstehen. Da kommt man sich nur als Versuchskaninchen vor, fängt vor Angst an zu bibbern, und dann rutschen einem die Erbsen von der Gabel.
Ich glaube, man kann dem Volk nur empfehlen, soviel zu fressen und zu schlucken wie möglich. Auch dem Herrn Bangemann hat nur ständiges reichhaltiges und völlig unkontrolliertes Fressen zu seiner europäischen Statur verholfen.

Was Wahlen und Koalitionsverhandlungen in Nordrhein-Westfalen angeht, kann ich nur sagen: Ich kenne zwei Wuppertaler von einiger Bedeutung – Friedrich Engels und Johannes Rau. Der Unterschied zwischen den beiden besteht darin, daß Herr Engels wenigstens einen guten Freund hatte.

Der einundsiebzigjährige NRW-Landtagskandidat der Grünen, Wilhelm von Schmeling, hat 1944 eine standrechtliche Erschießung geleitet. Er bekennt sich zu seiner Schuld, er engagiert sich heute in Menschenrechtsfragen und für Asylbewerber. Den haben die Grünen mehr oder minder gezwungen, auf seine Landtagskandidatur zu verzichten. Ein Täter, auch wenn er noch so reuig ist, darf nicht eine Partei repräsentieren, die sich so gern als Partei der Opfer darstellt.
Arschlöcher.

Eine Nazitante, die im New Yorker Büro der Deutschen Zentrale für Tourismus (DZT) beschäftigt war, wird jetzt wegen ihrer Naziprüche gefeuert. Ich finde das ein wenig inkonsequent: Diese Frau hat doch gewiß erstklassige Beziehungen in der rechtsradikalen Szene bei uns, und die aus Bundesmitteln finanzierte DZT hat doch andererseits die Aufgabe, Gäste aus dem Ausland nach Deutschland zu locken. Warum also läßt man sie nicht Bildungsreisen organisieren in die Kernlande des Herrenmenschentums? Zu den Parteizentralen von NPD und DVU und Republikanern, zu den Schlägern von FAP und den Brandstiftern des Herrn Lauck, zu Herrn Deckert und Herrn Ortleb, zu Lehnigk-Emden und dem Verleger Frey, zu dem SS-Professor Schwerte und auch in die Straße, wo Herr Dregger wohnt? Kein Reisender wird diese Eindrücke je vergessen, das sind doch einmalige Sehenswürdigkeiten in unserem Land. Die Spezies homo brutalis gagaque im Freigehege, das haben nur wir zu bieten.

Die Presse-Agentur ADN meldet, der sexuelle Höhepunkt stehe bei den Deutschen zwischen achtzehn und sechzig Jahren längst nicht so hoch im Kurs wie angenommen. Einundfünfzig Prozent der Frauen und einundvierzig Prozent der Männer haben lieber ein gutes Gespräch mit Freunden als einen Orgasmus. Vierundzwanzig Prozent beider Geschlechter ziehen ein gutes Essen dem Orgasmus vor, und einundzwanzig Prozent liegen lieber genüßlich in der Sonne.
Sechs Prozent der Deutschen sagen sogar: Ein Stück Torte ist mir lieber als ein Orgasmus.
Diese Forsa-Umfrage stimmt mich traurig. Es ist jetzt gleich zwei Uhr nachts – wie soll ich mich da in die Sonne legen, und wo kriegt man um diese Zeit ein Stück Torte her? Ich hasse diese Liege in unserer Abstellkammer. Ich höre, wie Hillu nebenan im Schlaf mit den Zähnen knirscht. Angeblich kann sie meine saure Fahne nicht aushalten. Ja, das wird wohl wieder eine traurige Nacht. Die guten Freunde pennen alle, niemand will sich mit mir unterhalten.
Also doch auf einen Orgasmus zurückgreifen? Lonely wolf.

Juni

Manchmal wundere ich mich wirklich, daß meine Frau und ich in derselben Partei sind. Ich glaube, sie hat da einiges mißverstanden. Da gibt es jetzt eine Neugründung, in der sie wahrscheinlich viel besser aufgehoben wäre: die »Feministische Partei Die Frauen«. O.k., Mädels, sage ich, und demnächst kriegt ihr auch noch eigene Straßen und Autobahnen, eigene Kirchen, eigenes Wetter und eigene Friedhöfe.

Die »Bild«-Zeitung berichtet, weil es bei einem Ehepaar nach dem Urlaub zu Hause im Bett nicht mehr klappte, richtete der Ehemann das Schlafzimmer so her, wie es in Spanien war: spanische Möbel, ein Sonnenhut an der Wand, die Heizung auf volle Touren. Außerdem stellte er einen Betonmischer ins Zimmer, weil in Spanien neben dem Hotel eine Baustelle war. Seitdem der Betonmixer im Zimmer rattert, rattert's auch bei den beiden wieder, schreibt die »Bild«-Zeitung. Vielleicht sollten wir unsere »Villa Kunterbunt« auch mal umdekorieren.

Die Diskussionen um den Zölibat hören nicht auf. Ein Pfarrer soll vierzehn Ministrantinnen mißbraucht haben, der katholische Bischof von Basel wird Vater, weil er seine Triebstruktur nicht im Griff hatte, beim zur Zeit beurlaubten sächsischen Innenminister, auch einem gelernten Geistlichen, soll unser aller latente Grundgeilheit heftigst ausgebrochen sein, und dann hat auch noch ein Kirchenvorsteher aus Mönchengladbach den kleinen Kater Lummy mit einer Schaufel erschlagen. Einfach so, bloß weil der im Garten des katholischen Kindergartens spazieren gegangen ist. Der Kirchenvorsteher behauptet, es sei Notwehr gewesen. Aber das glaubt ihm nicht mal die »Bild«-Zeitung. Sie bildet einen kleinen Kater ab und stellt unter dem Foto die Frage: »Sieht so eine reißende Bestie aus?« Nun ja, wer weiß schon, wie so ein Kirchenvorsteher die Welt sieht.
Alle diese Ereignisse faßt meine katholische Lieblingszeitung »Neue Bildpost« zusammen. Die überschrieb einen Artikel zum Thema Organspende mit der Schlagzeile: »Kirchen ringen um den Hirntod.« Da kann man nur viel Erfolg wünschen.

Christo hat dem Reichstag in Berlin ein Nachthemd angezogen. Ich werd's mir angucken. Der Kanzler will's nicht sehen.

Die Leute boykottieren unheimlich entschlossen Shell und tanken statt dessen lieber bei Esso. Hahaha. Außerdem boykottieren sie alles, was aus Frankreich kommt, also Rotwein, Camembert, Gauloises, Baguettebrote, Parfum und Chansons, wegen der geplanten

Atombombenversuche im Pazifik. Demnächst sind dann Japan und Norwegen dran, weil die immer die Wale abschlachten, die USA müssen dringend boykottiert werden wegen der dort praktizierten Todesstrafe, und weil Deutschland, wie das Stockholmer Friedensforschungsinstitut mitteilt, weltweit der zweitgrößte Waffenexporteur ist, werden sie sich demnächst wohl auch selbst boykottieren.

Intensive Diskussionen in allen Gremien, ob wir im Balkankrieg mitmachen sollen. Die NATO stellt eine schnelle Eingreiftruppe auf die Beine, um jene Blauhelme zu beschützen, die in Bosnien die UNO-Schutz-Zonen nicht beschützen können, in denen die beschützten Zivilisten ungeschützt im Feuer der Artillerie liegen. Und der Kanzler, anscheinend auch Vorsitzender der FDP, hält seinen Außenminister weiterhin für ein schützenswertes Gut.

Jeden Sommer dasselbe: Ozonwerte und das Tempolimit. Ich sag mal so:
Als Töpfer noch Umweltminister war, ist er durch den Rhein geschwommen, um zu demonstrieren, wie sauber das Wasser ist. Angela Merkel soll mal durch den Stau joggen – eine halbe Stunde lang, während des Berufsverkehrs, am Freitagnachmittag in Hannover. Da passiert nichts, gar nichts. Wenn sie wirklich anschließend über Atembeschwerden und Kopfschmerzen klagt, sich vielleicht auch vor Krebs fürchtet, liegt das nur daran, daß sie zuwenig trainiert, und nicht etwa daran, daß sie zu tief Luft geholt hat.
Wenn's wirklich schlimm wird mit der Ozonbelastung, werde ich eine Teilzeitlösung empfehlen: an geraden Tagen Fahrverbot für CDU-Mitglieder, an ungeraden Tagen für Brillenträger, an allen Tagen für Ausländer, an Sonn- und Feiertagen für Schwule und Lesben und in den Ferien für alle Lehrer.

Juli

Endlich Ferien. Mir geht's ja wie den meisten: Einmal im Jahr verlasse ich im geleasten Auto mein von Ratenzahlungen belastetes Eigenheim und stelle mich in den Stau, um dort meinen vom Überziehungskredit finanzierten Urlaub zu verbringen. Dabei lese ich dann am liebsten die »ADAC-Motorwelt«. Hillu sagt, das ist das Zentralorgan aller motorisierten Volldeppen.
Im roten Passat-Kombi neben mir Hillu, Müsli essend. Auf der Rückbank zwei Töchter, mit einer Großfamilie mongolischer Rennmäuse spielend. Unter den Sitzen eine unbekannte Anzahl von Goldhamstern. Auf der Ladefläche der Neufundländer. Dadurch sehe ich nichts im Rückspiegel. Im Anhänger zwei Ponys. Ich ringe um Gelassenheit.
Die »ADAC-Motorwelt« hat eine Aktion gestartet: Da kann jetzt jeder, bei dem es zum Feuermelder nicht gereicht hat, ADAC-Staumelder werden. Ich muß ja nicht jeden Unsinn mitmachen, aber dieser Aktion Gemeinsinn unserer Autoindustrie kann sich der niedersächsische Ministerpräsident natürlich nicht entziehen.
Die »ADAC-Motorwelt« beschreibt, was zu tun ist: »Der ADAC-Staumelder stellt mit Hilfe seines Tachos die Länge der Behinderung auf der Gegenfahrbahn fest und – falls möglich – auch den Grund dafür.«
Ich stelle mir vor, bin auf der Autobahn zwischen Hildesheim und Göttingen: Ich gucke rüber und sehe, da ist eine lange Behinderung. Scheiße, denke ich, da ist ja ein lange Behinderung, was macht denn die lange Behinderung da auf der Gegenfahrbahn, und wie lang ist sie denn, diese lange Behinderung, die nimmt ja überhaupt kein Ende. Und weil ich nicht nur ein herkömmlicher Staumelder bin, sondern ein ganz neuer Behinderungmelder, melde ich Ursache und Länge der langen Behinderung dem ADAC über eine geheime fünfstellige Nummer, die nur die Melder von langen Behinderungen kriegen: Hallo, sage ich, hier Staumelder Schröder, ich melde, Scharping, ja, Rudolf Scharping, der mit den Essensresten im Bart, auf einer Länge von 42,9 Kilometern zwischen Göttingen und Hildesheim breitgefahren und demzufolge schwere Behinderung. Und

die vom ADAC sind dann echt dankbar, weil, die Polizei weiß noch gar nichts von dem Grund der langen Behinderung. Bei der Tagesschau hat man den Nachruf auf den Genossen Rudi mit Sicherheit schon fertig.

Ich glaube, der Kanzler hat in seiner ganzen Laufbahn nur einen richtigen Fehler gemacht – er hat sich nicht den von Christo verhüllten Reichstag angesehen. Daß er dem Projekt skeptisch gegenüberstand: in Ordnung, sein gutes Recht. Aber er war jetzt in Berlin, und er hatte Zeit, mal hinzugehen. Wenn er dann gesagt hätte: Gefällt mir nicht, das finde ich blöde – auch in Ordnung, auch sein gutes Recht. Aber wenn ich mir vorstelle, er hätte verkündet, ob ehrlichen Herzens oder ganz normal verlogen, spielt dabei überhaupt keine Rolle: Das ist ja großartig, ganz ausgezeichnet, da habe ich mich ganz entschieden geirrt – grundgütiger Himmel, der Mann wäre plötzlich auch für Leute, die Irritationen schätzen, wählbar geworden.
Ich persönlich finde den verhüllten Reichstag sehr eindrucksvoll.

August

Ich bin dafür, Jesus ab- und Gauweiler aufzuhängen. Soviel zum Kruzifix-Streit in Bayern.

Die »Bild«-Zeitung gibt mir dankenswerterweise Gelegenheit, meinen Besuch bei Papst Johannes Paul II. in dem Blatt zu schildern. Als ich dem Heiligen Vater, einer ganz starken Persönlichkeit, von den Plänen zur Expo 2000 in Hannover erzählte, hat er die Hände gefaltet und gelächelt. Was sollte er auch sonst tun.

Der südafrikanische Bischof Tutu wollte ebenfalls unbedingt, daß ich ihn besuche. Er hat mich gefragt, wann ich denn nun endlich Kanzler werde. Ich habe ihm geantwortet, es wird wohl nicht mehr lange dauern, denn ich beabsichtigte anzuordnen, ab sofort hat man in allen öffentlichen Gebäuden Niedersachsens den Gekreuzigten an die Wand zu hängen. Unter der Woche mit der Leidensmine von Rudolf Scharping, Sonntags mit der Visage von Pfarrer Hintze. Bischof Tutu hat mich daraufhin gesegnet.

Die »Bunte« veröffentlichte ein Interview mit Hillu. Überschrift: »Wenn mein Mann mich betrügt, wären die Auswirkungen für ihn verheerend.«
Und wie zum Ansporn hat die »Bunte« auf derselben Seite eine Anzeige geschaltet für Emasex-n. Das sind Rektalkapseln, die man sich bei sexueller Schwäche und Erschlaffungszuständen in den Hintern schieben soll.
Täusche ich mich, oder sind in diesem Land jetzt alle verrückt geworden?

Sommerloch. Am 16. August drei kleine Meldungen: Thüringer Dorf lehnt schwarzen Postboten ab. Israeli in Potsdam verprügelt. Magdeburger Rechtsradikale gestehen Angriff auf Behinderte.
Alles im deutsch-national normalen Rahmen.

Johannes Rau scheint mir nicht so gesund zu sein, wie er immer vorgibt. Angesprochen auf die Unterschiede zwischen ihm und den Grünen, antwortete unser aller Amateurtheologe: »Die wollen Radfahrwege auch noch für Asylanten, ich will Arbeitsplätze.« Der lernt es nie.

Bonn wurde von der ersten Vertragsstaatenkonferenz des Europäischen Abkommens zum Artenschutz als Sitz des Internationalen Fledermaussekretariats auserkoren. Hillu meint, sie wäre dafür die richtige Generalsekretärin. Ich widersprach. Mußte zur Strafe kalte Gurkensuppe essen und warme rote Beete, mit altem Tilsiter überbacken. Werde mich jetzt intensiv für Ion Tiriac als Generalsekretär einsetzen, den berühmtesten Rumänen seit Dracula.

Gott, bin ich froh, daß ich im Aufsichtsrat von VW und nicht bei Mercedes-Benz sitze. Hat doch der alkoholisierte Jürgen Schrempp am Fuß der Spanischen Treppe in Rom italienische Polizisten angepöbelt! Zu Ferrari oder Benetton wechselt der nun nicht mehr.

Manchmal habe ich das Bedürfnis, mich selbst zu kasteien. Anläßlich eines solchen Anfalls habe ich das Buch »Und der Zukunft zugewandt« von Wolfgang Schäuble gelesen. Nein, ich will ehrlich bleiben: Ich habe es zur Hälfte gelesen. Aufgehört habe ich bei dem Satz: »Nichts wird mehr akzeptiert, ohne es nicht zuvor kritisch zu hinterfragen.« Der Mann schreibt, wie er denkt.

Schäuble verlangt, nur im Notfall solle Deutschland weitere Kriegsflüchtlinge aus Bosnien aufnehmen. Dann soll er den Leuten doch mal erzählen, was für ihn ein Notfall ist.
Das schlimme ist: Ich kann ihn nicht wirklich angreifen. Wenn ich was gegen den Kanzler sage, fühlt sich kein deutscher Fettwanst beleidigt. Aber sage ich was gegen Schäuble – schon bin ich behindertenfeindlich.

Beckstein (bayerischer Innenminister) ist auch ein seltener Trottel. Jetzt will er das Asylrecht privatisieren. Also, wenn zum Beispiel der Pfarrer bezahlt, darf sich die Gemeinde einen Flüchtling in der Sakristei halten. Das Modell hat Zukunft: Wer an den Zuständen in unseren Gefängnissen rummeckert, soll sich einen Knacki in die Familie holen. Wer die städtische psychiatrische Klinik unzureichend findet, kann gerne auch mehrere geistig Behinderte in seinem Wohnzimmer unterbringen. Und die Therapie für Drogenkranke machen wir ebenfalls zur Privatsache, desgleichen den Lebensunterhalt für Arbeitslose. Wer sich das luxuriöse Bedürfnis leistet, die Probleme unseres sozialen Systems lösen zu wollen, soll gefälligst außer mit Steuern auch privat dafür bezahlen.
Ich frage mich: Wer kommt notfalls für Beckstein auf? Jemand, der so bescheuerte Vorschläge macht, müßte im Vorgarten stehen bleiben.

Hillu ist noch immer unterwegs. Auch wenn sie es wahrscheinlich entschieden bestreitet: Ich helfe meiner Frau durchaus gelegentlich

im Haushalt. Ich kann zum Beispiel unsere Waschmaschine bedienen. Und ich lese regelmäßig die Zeitschrift der Stiftung Warentest.
Eine Überschrift hat mich besonders fasziniert: Besser gegen Flekken.
Der Knackpunkt beim Wäschewaschen ist nunmal die Fleckentfernung.
Und die Spitzenprodukte in dieser Hinsicht sind Ariel futur und Persil Megaperls. Ariel futur wäscht besser als Ariel ultra, Persil Megaperls besser als Persil ultra. Aber wäscht Ariel futur auch besser als Persil Megaperls?
Eineinhalb Kilogramm Ariel futur im Nachfüllpack werden im Durchschnitt für 11,48 Mark verkauft. Das herkömmliche Produkt Ariel ultra kostet 11,78 für zwei Kilo. Persil Megaperls steckt in einem 1,6 Kilo-Karton für 12,79 Mark (Nachfüllbeutel 12,23 Mark); zwei Kilo Persil Ultra sind für 12,70 Mark im Nachfüllbeutel erhältlich. Für eine normal verschmutzte Wäsche werden dreiundsiebzig Gramm Ariel futur und achtzig Gramm Persil Megaperls gebraucht, das sind sechsundzwanzig beziehungsweise achtzehn Prozent weniger als mit den Produkten aus den Zwei-Kilo-Paketen. Wenn ich Ariel futur und Megaperls zusammen einfülle, macht das vierundvierzig Prozent bei hundertdreiundfünfzig Gramm aus dem Nachfüllbeutel für 3,40 Mark bei sechzig Grad, vorausgesetzt, die Haushaltswaage steht griffbereit auf der Waschmaschine. Nur in einem Punkt bin ich etwas verunsichert: Ich habe noch nie gehört, daß man Waschmittel auch in Gebinden kaufen kann. Heiliger Bebel, was ist ein Gebinde? Und ich kann bei meiner Schmutzwäsche nicht erkennen: Handelt es sich nun um Verfleckungen, Anschmutzungen, Schweiß oder Spuren von Hautfett? Außerdem: Wo zum Teufel steckt in der Maschine die abzupumpende Waschflotte? Offenbar muß ich als erstes einen Löffel voll Altöl auf einen Stoffstreifen aufpipettieren! Aufpipettieren? Ja, klar, aufpipettieren, also pipettieren, aber eben oben drauf. Das geht aber nur, wenn ich Wasserhärtebereich drei habe. Habe ich den? Da muß ich meinen Arzt fragen.
Ich werde mich beraten lassen. Ich rufe zum Nulltarif 0130/2219

an, eine sogenannte Hotline, und höre eine freundliche Stimme: »Guten Tag. Sie sind verbunden mit der Henkel-Verbraucherberatung. Wir befinden uns zur Zeit in einem längeren Beratungsgespräch. Damit wir auch Zeit für Sie haben, rufen Sie uns doch zu einem späteren Zeitpunkt noch einmal an. Vielen Dank und auf Wiederhören. Piep.«

Das kann man mit einem Schröder nicht machen. Habe einen unserer Hamster mit angemachtem Gervais in die Waschmaschine gelockt und ordentlich geschleudert. Hillu darf ihn aus dem Flusensieb puhlen, wenn sie aus Weißrußland zurück ist.

Heide Simonis und ihre Weibertruppe in Schleswig-Holstein tun auch alles, um unsereins von der Mehrheit abzuhalten. Jetzt will die Gesundheitsministerin dort Cannabisprodukte in Apotheken verkaufen lassen, weil es sich, wie sie sagt, um eine kontrollbedürftige Genußdroge handelt. Da frage ich mal zurück: Gibt's auch eine Droge, die nicht dem Genuß dient? Hat diese Genußdroge ein Bedürfnis? Aha! Nach Kontrolle!

Da entwickelt sich dann schnell eine Kontrollsucht. Oder geht es eher um Genußkontrolle? Etwa bei den Bedürftigen? Oder eher bei den Genießern? Und wenn man es hat, soll man dann das Bedürfnis etwa nicht genießen? Nein, man muß es kontrollieren. Das führt dann zur Genußsucht mit Bedürfniskontrolle. Oder zum Suchtgenuß mit Kontrollbedürfnis.

Ich fasse zusammen: Kontrollgenuß bedarf der Droge. Nur so wird Drogenkontrolle zum gesteigerten Genuß. Das ist offenbar eine alte Drogenfahnderregel. Und das hat die Ministerin gemeint: Sie will ihren Polizisten zu einer Steigerung des Drogengenusses verhelfen. Die kriegen eine Kontrolldroge, weil sie ein Genußbedürfnis haben.

In Schleswig-Holstein würde ich gerne mal an einer Kabinettssitzung teilnehmen. Die Weiber würden alle ihren Rücktritt einreichen.

Als marktwirtschaftlich inspirierte und sozialökologisch geprägte Regierung in einem der Humanität verpflichteten Land bin ich

nicht nur den Nöten der Menschen verpflichtet, sondern ich habe auch die Aufgabe, das Menschenrecht auf pausenlose Unterhaltung zu befriedigen.
Was liegt da näher, als daß ich mich mit Norbert Blüm und seinem sogenannten Arbeitsministerium zusammentue und mich, einem sehr erfolgreichen holländischen Beispiel folgend, mittels Entertainment um die Vermittlung von Arbeitsplätzen bemühe?
Ich habe mein Hannoveraner Funkhaus angewiesen, im Herbst unter dem Titel »Scheiß auf das Arbeitsamt« eine große Samstagabend-Show ins Programm zu heben, die, wenn alles klappt, Arbeitsminister Blüm selbst moderiert.
Da sollen Langzeitarbeitslose gesucht werden, gern auch weiblichen Geschlechts, die sich als Kandidaten für diese Spielshow unentgeltlich zur Verfügung stellen und denen man dann, falls sie am Ende als Punktbeste dastehen, einen ihrem Markwert entsprechenden Arbeitsplatz probeweise anbieten könnte.
Selbstverständlich wird man sich in dieser Sendung nur kleiner Leute, also gewöhnlicher Sterblicher, annehmen – eine Teilnahme ausgeschiedener Vorstandsmitglieder der Adam Opel AG etwa, die nun einer Tunnel-Gang beitreten wollen, ist ausgeschlossen. Auch werden zurückgetretene Minister nicht in die Geschäftsführung von Greenpeace weitervermittelt noch Justus Frantz als Triangelspieler in die nächste Hertie-Passage.
Es geht ausschließlich um Kandidaten aus dem Volk, die schon längere Zeit ohne Arbeit zu Hause herumsitzen und nun damit rechnen müssen, entweder eine Anstellung weit unter ihrer Qualifikation annehmen oder eine drastische Kürzung ihres Arbeitslosengeldes akzeptieren zu müssen. Wer besondere, bislang nicht bekannte, aber durchaus showtaugliche Fähigkeiten oder Eigenschaften hat, kann sich bewerben, beispielsweise jemand, der Schwimmhäute besitzt und nun nur noch eine Umschulung zum Tellerwäscher benötigt, um Millionär zu werden, oder ein anderer, der Zipfelmützen nähen kann – dann winkt vielleicht ein Job als Pförtner bei einer Leasingfirma für lebende Gartenzwerge.
Die Leute sollen sich im Landesfunkhaus Hannover melden, beizufügen ist ein Farbfoto, ein handgeschriebener Lebenslauf plus die

letzten Kündigungsunterlagen, die beruflichen Zukunftswünsche sowie ein Scheck über hundert Mark als Startgeld.
Es wäre doch gelacht, wenn ich angesichts der Millionen Arbeitslosen in unserem Land nicht eine ganz tolle Show zustande brächte. Und dann würde man mich endlich auch als Kulturpolitiker ernstnehmen.

September

Fernsehen ist kein Gesprächsthema mehr. Angesichts der Fülle von Programmen begegnen sich kaum mal zwei Leute, die am Abend zuvor dieselbe Sendung gesehen haben. Ich habe mir auf RTL eine Miss-Wahl angesehen. Thomas Koschwitz und Birgit Schrowange haben die Missen gewählt. Eine Koschwitz-Wortschöpfung: die Missen. Ich möchte ihn nicht mehr missen, diesen Typ, der einem aufgeblasenen Marshmellow immer ähnlicher wird in seiner heiteren Verkrampftheit. »Ein Leichtgewicht, das sich dicke tut«, würde Rühmkorf sagen. Koschwitz hat bei der Wahl der Missen so oft behauptet, daß die Spannung steigt, bis sie völlig raus war. Er hat gesagt: »Schönheit ist ja nicht alles, aber es ist gut, daß es sie gibt«, und es tat gut, dies aus seinem Munde zu hören. Eine seiner Missen hat er gar vorgestellt mit dem Satz: »Sie braucht Spaß und Abwechslung, um sich wohlzufühlen.« Das möchte ich für mich als Fernsehzuschauer auch in Anspruch nehmen. Und deswegen werde ich im Bundestag beantragen, an allen Mitwirkenden der Miss-Wahlen auf RTL die Prügelstrafe zu vollziehen und selbige live zu übertragen, wobei durch eine unabhängige Jury zu überwachen ist, daß während aller Werbeeinblendungen ordentlich weitergeprügelt wird.

Über die Diäten der Bundestagsabgeordneten mag ich nicht mehr reden. Wer hat das Wort »Sozialneid« erfunden? War vielleicht sogar ich es? Ein phantastisches Wort: drängt jeden antiparlamentarischen Diskutanten sofort in die Defensive.

Durch ist seit heute das Thema Bischof Dyba. Er bezeichnete die Bescheinigung über das Beratungsgespräch bei geplantem Schwangerschaftsabbruch als »Lizenz zum Töten«, die die Kirche nicht geben dürfe. Der Mann hat recht: Wenn man den Frauen diese Lizenz gibt, bleibt für die Soldaten möglicherweise nicht genügend Menschenmaterial übrig, an dem sie dann ihre Lizenz vollstrecken können.

Fertig sind wir auch mit dem Thema der Abschiebung in den Sudan. Aber zu den fünfzehn Polizisten, die die Abschiebung dieser sieben armen sudanesischen Schweine auf dem Frankfurter Flughafen bewerkstelligten, will ich mir doch was notieren. Polizisten sind als erstes dem Grundgesetz verpflichtet und den Menschenrechten und nicht dem Bundesinnenminister. Sie hätten die Abschiebung aus Gewissensgründen verweigern können, nein, eigentlich sogar verweigern müssen. Aber das tut ein deutscher Polizist nicht. Lieber sitzt er nach getaner Arbeit zu Hause im Sessel und liest in aller Ruhe eine Zeitung mit den Berichten über die Mauerschützenprozesse.
Mir ist das recht. Als Regierungschef muß man einfach wissen, worauf man sich felsenfest verlassen kann.

Heute Durchfall, wiederholt Zeit für gründliche Bestandsaufnahme:
Tempolimit? Ohne mich.
Umweltschutz? Nur, wenn VW damit einverstanden ist.
Ökosteuer? Kommt nicht in Frage.
Rüstungsexporte? Aber sicher.
Schärfere Strafgesetze? Logo, knallhart.
Haschisch aus der Apotheke? Kommt nicht in die Tüte.
Wir brauchen mehr Staat und vor allem wieder mehr Industriearbeit.
Ich muß Kompetenz demonstrieren durch Händedruck mit Bankiers und Umarmung von Vorstandschefs.
Vorbild: bayerische Staatskanzlei. Die Kopie muß noch erfolgreicher werden als das Original.

Ein Wahnsinn: Ich auf Wahlkampftour an der Küste, sammle Stimmen für unsere Partei, und dem größenwahnsinnigen Scharping knallen die Sicherungen durch. Dieser wirklich öde Rudi ruft mich per Autotelefon auf dem Deich an und entläßt mich als wirtschaftspolitischen Sprecher der Partei. Der Mann wird demnächst unter entsetzlichen Einsamkeitsgefühlen leiden. Den mache ich fertig, bis ihm die Fruchtfliegen im Mundwinkel nisten.

Die täglich neu brennende Frage: Wie kann der Sozialstaat Geld sparen?
Möglicherweise durch Abschiebung, Modell Wirtschaftsflüchtling.
Ein Alleinstehender bekommt in Deutschland monatlich etwa eintausendeinhundert Mark Sozialhilfe. Diese auf siebenhundert Mark runterkürzen und die Betroffenen ausweisen.
In Indien oder Afrika kann man von siebenhundert Mark monatlich wie ein Fürst leben.
Die abgeschobenen Deutschen könnten dort wertvolle Entwicklungshilfe leisten. Glückliche deutsche Langzeitarbeitslose an den Ufern des Sambesi.

Die blöden Weiber! Bundesfrauenministerin Claudia Nolte, frühlingsfrisch und trotz ihrer Jugend schon enorm tugendhaft – ich glaube nicht, daß Claudia so ohne weiteres die Gesichtskontrolle an einer Reeperbahn-Disco bestehen würde. Also: Wie ist sie am Türsteher vorbeigekommen, wie hat sie das gemacht in Bangkok? Dort war sie im Bordell. Vom Weltfrauengipfel in China mit thailändischem Bumsbomber nach Bangkok und dort geradewegs in einen Puff gestiefelt. Sie wollte sich vor Ort über die Arbeitsmöglichkeiten und -bedingungen informieren, sagt sie. Ja, hätte sie da nicht vertrauensvoll ihren Kanzler fragen können? Nein, sie wollte es selbst sehen, all die Genitalakrobatik und wie Frauen mit der Vagina eine Coca-Cola-Flasche öffnen. Sie wollte selbst erfahren, wie das so geht mit der Prostitution, welche Körperteile man dazu benutzt und welche Vorbildung nötig ist, ob vielleicht sogar ein Hauptschulabschluß ausreicht, sie wollte sich selbst davon überzeugen, ob im Lustgewerbe vielleicht sogar Geld eine gewisse Rolle spielt und ob man daraus auch einen lukrativen Frauenberuf machen kann. Weiter so, Claudia! Und das nächste Mal ziehen wir mal in Hannover um die Ecken. Ich kenne da das eine oder andere Etablissement, da kannst du auf der Klitoris Gitarre spielen.

Vor zwei Tagen Geheimtreffen mit Angela Merkel. Entgegen meinen Erwartungen: Das ist ein Mädel von heute. Angela hat mir klargemacht, wie man den Strukturwandel in den neuen Ländern der Bevölkerung positiv nahebringt: Durch jede Menge West-Autos für die Ossis, West-Filter für die Schornsteine, West-Kläranlagen und West-Subventionsmilliarden für West-Umwelttechnik haben wir es geschafft, daß Ossi-Luft, Ossi-Wasser und Ossi-Erde sich in hervorragender Weise den Werten von Wessi-Luft, Wessi-Wasser und Wessi-Erde angleichen. Wir machen die Umwelt in den neuen Ländern nicht durch Innovationen sauberer als in den alten Ländern, sondern erhalten sie durch den Verkauf traditioneller Technologie weiterhin sanierungsbedürftig, was die Arbeitsplätze sichert. Immer wieder lobend darauf hinweisen: Westdeutsche Wirtschaft und die Treuhand tragen die Verantwortung dafür, daß die meisten großen LPG-Schweinefabriken pleite gegangen sind, was die Qualität der Luft auf dem Gebiet der ehemaligen DDR enorm verbessert hat.

Wenn ich den Aufschlag von Steffi Graf hätte, würde mir das schon genügen.
Steffi – kann schon sein, daß sie von dem ganzen Steuerkram nichts gewußt und sich nicht drum gekümmert hat. Es ist zwar ein bißchen merkwürdig, wenn jemand mit fünfundzwanzig Jahren so überhaupt nichts mitkriegt und nicht die geringste Ahnung hat, was mit seinem Geld passiert, da kommt der Verdacht auf, daß es sich wohl um eine erbarmungswürdig einfältige Person handelt, eine Entmündigte hart an der Grenze zur Debilität, aber was soll's, ich lasse mir doch nicht meine Mythen zerstören, bei dem Busen. Und die Weltliteratur ist voll von armseligen Mädchen, die an ihren Vätern kaputtgehen: von Kabale und Liebe über Maria Magdalena und

König Lear bis Hamlet – Vater aufgespießt, Tochter total durchgeknallt und ersoffen.
Die moderne Tennis-Variante: Vater im Knast, Tochter die Nummer eins. Umgekehrt wär's nicht so schön.

In der »Bild«-Zeitung ist ein Leserbrief von Hedda aus Kaiserslautern abgedruckt. Sie schreibt, sie bekäme seltsamerweise immer an derselben Stelle, im Bereich des Schamhügels, einen Herpes, und zwar bevorzugt in Streßsituationen, und was ihr dabei am meisten Sorge bereite, sei die Frage, ob sie andere Menschen damit anstekken könne, zum Beispiel beim Händegeben, beim Husten, Niesen und so weiter. Es ist wirklich nicht zu fassen, was für Leute in Deutschland das Wahlrecht haben.

Ulrich Meyer-Raven, Direktor der wehrtechnischen Dienststelle für Waffen und Munition in Meppen, teilt in der Zeitschrift »Europäische Sicherheit« mit, wörtlich: »Neuere Entwicklungsarbeiten konzentrieren sich in erster Linie darauf, die Munition schadstoffärmer zu gestalten. Bezüglich der in den verschiedenen Munitionsarten verwendeten Treib- und Sprengstoffe ist eine generelle Tendenz zur Verbesserung der Umweltverträglichkeit bei Herstellung, Einsatz und Entsorgung der Explosivstoffe unverkennbar.«
Fein, der Soldat als solcher schmutzt nicht.

Der Kanzler hat Wandlitz besucht: Wo früher die Spitzen der DDR-Nomenklatura hausten, da befindet sich heute eine Kurklinik samt Rehabilitationszentrum. Ossis in Jogginganzügen humpeln an Krücken durch die Gegend – das ist wirklich ein schönes Bild. Wenn mich ein Blinder bitten würde: Beschreiben Sie mir doch mal den typischen Ossi, würde ich sagen: Er kriecht mühsam, aber stolz aus seinem gebrauchten Opel Ascona, und je hinfälliger oder fetter der Ossi, desto schriller der Jogginganzug und desto bombastischer die Turnschuhe.
Also, in Wandlitz sagte der Kanzler, er wünsche sich etwas von dem »Gründergeist, der hier herrsche« für ganz Deutschland, denn »dann haben wir im ersten Jahrzehnt des neuen Jahrhunderts über-

all gleiche Lebensverhältnisse«. Phänomenal, jetzt hält er schon heimlich Zwiesprache mit Walter Ulbricht.
Frage mich, wann der Kanzler so weit geht, einen Jogginganzug anzuziehen.
Gestern trug er seinen guten blauen Mantel. Darin sieht er immer aus wie ein zugehängtes Kettenkarussell.

In Straßburg forderte der Kanzler eine Gleichstellung der deutschen Sprache als Amtssprache im Europarat. Er sagte, das sei nicht nur ein Wunsch, sondern »ein zentraler Wunsch der Deutschen«. Er sitzt im Zentralkomitee.

Stolpe überlegt, in Brandenburg allen Jugendlichen ein Taxi zum halben Preis zu spendieren, damit sie nach dem Discobesuch ihr Auto stehen lassen. Das hat was: Der Steuerzahler subventioniert das Komasaufen jugendlicher Vollidioten.

Oktober

Wäre in der Evolutionskette seit Entstehung unseres Planeten auch nur ein Lebewesen vor der Zeugung der für sie relevanten Vorfahren gestorben, nur eine Kaulquappe in einem Tümpel der Kreidezeit, gäbe es Hillu nicht. Wer würde mir wohl dann auf den Geist gehen?
Der Gedanke hat mich heute den ganzen Tag beschäftigt. Ich komme nicht zum Arbeiten – sie hält die Staatskanzlei besetzt, kommandiert meine Untergebenen herum, kommt sogar rein, ohne anzuklopfen, kanzelt mich vor allen Leuten ab, spricht von »wir«, wenn es um politische Entscheidungen geht, greift in meinen Terminkalender ein und zwingt mich, während der Sitzungen Gemüsesaft zu trinken. Sogar meine Bodygards fürchten sich vor ihr, weil sie immer wieder zu irgendwelchen Dienstleistungen herangezogen werden (Straße fegen, Milch holen).

Heute ist Sonntag, und es regnet. Da muß ich mal notieren: Das Paradoxon ist die einzige Konstante in unserer Welt!
Wir veranstalten Wahlen, und die Nichtwähler werden zur stärksten Partei. Unsere Wirtschaft produziert desto höhere Gewinne, je höhere Arbeitslosenzahlen sie produziert.
Wir leisten uns zu unserem Schutz einen großen Militärapparat und setzen zu dessen Schutz bei einer Feierstunde Polizei ein.
Wir beschäftigen als unseren leitenden Angestellten einen Kanzler, dessen wichtigster Wahlhelfer ein Oppositionsführer namens Scharping ist.
Wir ertragen einen Außenminister, dessen Partei gerade noch auf zwei Prozent der Wählerstimmen kommt.
Wir erleben eine Widerstandsbewegung gegen Atomkraft, die Eisenbahnunfälle provoziert.
Wir gucken Musikantenstadl und diskutieren über die Rechtschreibreform.
Anscheinend ist das Paradoxe das Normale, und die alltägliche Normalität wird gar nicht mehr als paradox empfunden.

Jahrzehntelang haben sich alle möglichen Autoritäten bemüht, mich so zu erziehen, daß ich mich »anständig« benehme. Und nun lese ich zu meiner Verwunderung in der Frauenzeitschrift »Brigitte« unter dem Stichwort »Psychologie«, daß manchmal ja sogar aus einem Furz die große Liebe entstehe: »Der junge Mann jedenfalls war in Sekundenschnelle völlig hingerissen. Zunächst traute er zwar seinen Ohren nicht, als ein unzweideutiges Geräusch die erste gemeinsame Liebesnacht mit seiner neuen Flamme durchschnitt. Doch dann riß es ihn völlig hin.«
Trotzdem: Irgendwann hat sich auch die schönste Beziehung flachgepupt. Müßte mich mal wieder mit den Töchtern unterhalten.

So ein Staat ohne Geld wirkt lächerlich. Waigel hüpft von Loch zu Loch. Die meisten Politiker gehen nur in die Parlamentskantine und versuchen, den Staat aus seinem Defizit herauszusaufen. Andere machen Vorschläge, die nicht mehrheitsfähig sind: Die Arbeitslosen sollen zur Strafe wieder achtundvierzig Stunden in der Woche

stempeln gehen müssen. Oder der Staat soll nur die Einkommen bis viertausend Mark besteuern, die dann aber zu hundert Prozent.
Das ist die Kardinalfrage: Wie saniert man einen kapitalistischen Staat? Lopez würde uns alle privatisieren.

Die große Zauberformel heißt Verkauf. Autobahn verkaufen? Jeder und jede kann sich dann ein paar Meter Autobahn kaufen – sowas ist auch eine prima Geschenkidee!
Lieber Manfred, zu Deinem Geburtstag schenke ich Dir fünf Meter Autobahn. Leider ist es nur eine Wanderbaustelle. Und Autobahnbesitz sollte natürlich auch erblich sein: Liebe Cousine, hiermit vermache ich dir meine Auffahrt zur Sauerlandlinie. Schwierig wird's nur bei Scheidungen: Er kriegt die rechte und sie die Gegenfahrbahn, und für die Kinder bleibt die Leitplanke und das Pissoir auf dem Rastplatz.
Für den kleineren Geldbeutel empfiehlt sich der Kauf eines Stückchens Landstraße, und schließlich kann man auch noch einen Schritt weitergehen: Bürgersteige müssen von den Besitzern der anliegenden Häuser erworben werden und sind für Fußgänger mautpflichtig. Die Maut muß an die Staatskasse zur Finanzierung der Dienstwagen abgeführt werden.
Leider kann ich die Luft nicht verkaufen. Die befindet sich schon in Privatbesitz, sie gehört der Firma Hoechst. Meine Beamten könnte ich verkaufen. Wird schwer werden, aber vielleicht ..., wenn man sie in undurchsichtige Folie einschweißt ...

Hilfreich wäre die Umwandlung unserer Parlamente in Aktiengesellschaften. Jeder Kleinaktionär kann sich dann wenigstens sowas leisten wie Rexrodt. Aber selbst wenn ich alles privatisiere, bleibt die Frage, ob sich Deutschland weiterhin diesen Außenminister leisten kann. Wenn Kinkel seine Notierung erfahren will, muß er doch den Keller aufmeißeln. Als gestern im Außen-Ausschuß zufällig die Rede auf den Lombardsatz kam, hat er gesagt, er hat schon lange keine Zeit mehr für Tennis.
Was für ein Fest, wenn Großaktionäre die ganze FDP auf dem Rentenmarkt verschleudern! Und es grinst der Dax, wenn eines Tages

eine japanische Holding das jetzige SPD-Präsidium als Abschreibungsobjekt auf den Nikkei-Index verschiebt, wo es sich dann spurlos im Dowjones verpißt.
Vermutlich ist der Kanzler auf dem Aktienmarkt unverkäuflich. Aber vielleicht geht er eines Tages doch noch weg als Notverkauf. Vielleicht nach Alaska.
Dann verschwindet das Ozonloch! Das fürchtet sich nämlich vor so einer Erscheinung.

CDU-Parteitag in Mannheim. Der promovierte Geisteswissenschaftler an der Spitze unserer Regierung, mein Kanzler, erklärt, die Zeit sei reif für eine große Umweltinitiative. Folgerichtig wird sein Parteitag gesponsort von dem berühmten Feinschmeckerkonzern, der schon lange für sein Umweltengagement bekannt ist, McDonald's: Einweggeschirr mit zermatschten Whoppern und lahmarschigen Fritten, feiste Abgeordnetenbäuche, prallgefüllte Müllsäcke.
Alles äußerst unappetitlich, aber volksnah. Und umsonst.
Hackfleischgelage und Ranzenparade sind zum Kotzen, also proletarisch, also eigentlich sozialdemokratisch – die Zeiten haben sich geändert. Wenn führende Sozialdemokraten etwas zu sich nehmen, dann lassen sie sich von Mercedes-Chef Schrempp in den »Erbprinz« zu einem anstrengenden Arbeitsessen einladen. Sie benutzen dabei handelsübliches Tafelsilber. Sollte einer der Delegierten versuchen, die Suppe mit Messer und Gabel zu essen, ist die Öffentlichkeit auszuschließen.

Die Christdemokraten haben auf ihrem Parteitag die Frauenquote abgeschmettert. Eine sauertöpfisch guckende Rita Süssmuth mußte zur Kenntnis nehmen, daß sich im Saal ein paar begeistert in die Hände klatschende Menschen weiblichen Geschlechts befanden, die ihre eigene Niederlage bejubelten.

Der Kanzler hat belustigt in sich hineingegrinst angesichts soviel weiblicher Dämlichkeit. Der Kanzler versteht schließlich was von Frauen – wir wollen nicht vergessen, daß er es war, der Anfang der

achtziger Jahre die geistig-moralische Wende eingeleitet hat, und seitdem tragen die Frauen wieder BH. Insofern hat der Kanzler dem kämpferischen Feminismus ein schönes Stückchen Ästhetik gerettet.
Womit wir wahrscheinlich beim entscheidenden Punkt sind: Im Honoratiorenverein CDU muß frau schon körperliche Vorzüge mitbringen und aussehen wie Kati Witt oder Claudia Schiffer, Mädels, nach denen man sich auf der Straße umdreht, damit die Herren mal vom hohen Roß heruntersteigen und gewisse Selbstverständlichkeiten in Fragen anzustrebender Gleichberechtigung akzeptieren. Andererseits sollten auch an die CDU-Männer in Zukunft gewisse ästhetische Mindestanforderungen gestellt werden – Norbert Blüms Knirpsgestalt oder Generalsekretär Hintze, der aussieht wie ein benutzter Pfeifenreiniger, die wecken auch keine erotischen Träume.

Probleme gibt's mit den Windrotoren, rund dreitausend Stück, die zwecks alternativer Stromerzeugung in den Himmel über Nord- und Ostseeküste ragen und da vor sich hin rauschen. Da kriegen Hardcore-Naturschützer schlotternde Angst um unsere Zugvögel, und sie zetern, die Windindustrie zerstört weiträumig unsere naturnahen Landschaften.
Was wollen diese Leute?
Sie sind gegen Atomenergie, weil sie gefährlich ist.
Sie sind gegen Kohle, Öl und Erdgas, weil die das Klima aufheizen.
Sie sind gegen erneuerbare Energie, weil die die Landschaft zerstört.
Ich warte auf den Tag, an dem Hillu von mir verlangt, ich soll mein Auto schieben, mit Kuhfladen heizen, im Schein von Bienenwachskerzen schreiben, und was den Wind angeht – den soll ich gefälligst selbst produzieren.

In Berlin ist Wahlkampf. Ich kann meinen Genossen nur raten, geschlossen in die CDU einzutreten.

Endlich ein vernünftiger UN-Beschluß: Laserwaffen, die dazu dienen, gegnerische Soldaten auf Dauer blind zu machen, sind ab sofort verboten. Grund für den internationalen Konsens: Die Dinger sind einfach zu teuer. Laserwaffen, die nur eine vorübergehende Blindheit bewirken, bleiben erlaubt. Experten sehen darin eine Polizeiwaffe der Zukunft.
Dies das Ergebnis der UN-Minenkonferenz in Wien. Grund für diese Konferenz soll ein Wettvorschlag bei »Wetten, daß ...« gewesen sein, wo sich ein Lehrer aus Sarajewo beworben hat: Er wollte seine ganze Schulklasse unter fünfhundert beinamputierten Kindern nur an den Stümpfen erkennen.

Was ich bislang nicht wußte: Es gibt gutartige und bösartige Landminen. Die gutartigen sind im Westen hergestellte High-Tech-Apparate, die einen gewissen Metall-Anteil haben, so daß sie von Metalldetektoren aufgespürt werden können. Die bösartigen werden in der Dritten Welt, also Indien, Pakistan, China usw., hergestellt, und die sind nur aus Plastik, so daß man sie nicht aufspüren kann. Merkwürdigerweise hat sich die Dritte Welt geweigert, auf die eigenen bösartigen Minen zu verzichten und in Zukunft unsere gutartigen Minen bei uns zu kaufen. Das nenne ich Egoismus, soweit darf die Sorge um die Arbeitsplätze selbst in Indien nicht gehen. Wir Deutschen werden jedenfalls auch weiterhin unsere gutartigen Minen in alle Welt liefern, der deutsche Soldat soll bei Out-of-Area-Einsätzen wissen, daß er seinen Fuß gegebenenfalls auf Qualitätsware stellt.
Muß mir allmählich Gedanken über die Zusammensetzung meines Schattenkabinetts machen.

November

Heute, am 3. November, hat St. Hubertus seinen Festtag.
Ich habe »Wild und Hund« gelesen, die Zeitschrift für Jäger und andere Naturfreunde. Diese Lektüre macht mich immer zu einem

ganz anderen Menschen: Ich lebe naturbelassen, fühle mich total pirschmäßig, besprühe mich mit echtem Fichtelnadelduft und höre am liebsten Original-Jagdfieber-Soundtrack. Oh, schönes Büchsenlicht! Oh, lichtes Grün! Die Blattzeit ist vorbei, die Ricken haben's inne. Nur einige Damhirsche sind noch in der Feiste, um sich den nötigen Speck auf die Brunftkugeln zu schaffen. Wir erwarten die Rauschzeit, in der die Keiler an die Bachen ranrauschen. Die Rollzeit, die unsere Füchse erfreut, und die Ranzzeit zum Vergnügen unserer Rammler. Nur die Kümmerer sind's, die mich quälen, die schwach veranlagten Stücke. Holldrio, wenn sie getroffen im Wundbett liegen!

Von ferne höre ich Gewiff und Gewaff der anstürmenden Meute. Ein kapitaler Bock ist's, der da durchs Unterholz streicht. Ich lege an, der Zwilling knallt, Blattschuß ins Gekröse. Schon springt ihm ein Rüde an die Drossel, ein anderer an den Träger, wieder ein anderer sitzt auf seinem Aalstrich, weitere verbeißen sich in seinen Läufen. Er wird verbellt. Ich, der Jagdherr, fange ihn mit dem Nicker ab. Dann das Erschrecken: Es war kein Bock, es war der deutsche Landwirtschaftsminister.

Trotzdem: Die Brüche aus deutschem Edelholz werden ihm zuteil – einer in den Äser als letzter Bissen, einer in den Einschuß als letzte Ehre, einer auf die Brunftkugeln als letzter Gruß. Und dann wird er zur Strecke gelegt und herzlich verblasen.

Das Highlight dieses Monats ist Lafontaine. Zwei Tage vor der Oskar-Wahl zum Parteichef bringt »Bild« die Schlagzeile: »Scharping stark wie nie!« »Bild« ist eigentlich eine psychopathologische Papierverschwendung: Die wollen immer Gott interviewen, wissen aber gar nicht, wo er wohnt. Scharping ist jetzt da, wo er hingehört, ganz unten. Als Fraktionsvorsitzendem bleibt ihm ja sein Büro erhalten.

Oskar erlebt das größte Comeback seit Lazarus. Aber ich lehne es ab, mit ihm über Kohl zu reden. Ich bin für dieses Thema einfach zu gebildet! Kohl gibt seine Denkschwäche als Ichstärke aus, über den kann jeder Arsch Witze machen, der Mann ist ein Pointendiscount, und das muß Oskar einsehen: Erst mit mir geht es zurück ins Delikatessengeschäft. Ich bin das kalte Buffet, die SPD ist doch nur die Petersilie!

Irgend jemand ist an Oskar herangetreten und hat gesagt: »Könnten Sie mir wohl ein Autogramm geben, Herr Blüm?« Furchtbar, aber das kommt eben dabei raus, wenn man aussieht, als sei man in der Augsburger Puppenkiste aufgewachsen.
Zwischen mir und Norbert Blüm gibt es einen Riesenunterschied: Wenn ich Scheiße baue, muß man mir Absicht unterstellen. Blüm tritt einfach rein.

Ich kann Oskar nur dringend von der Kanzlerkandidatur abraten. Als Kanzler muß er die Bundesanstalt für Arbeit sanieren und eine hohe Staatsverschuldung eingehen. Für den ökologischen Umbau hat er nix auf der Naht, aber er darf die Steuern immer weiter erhöhen und gravierende Einschnitte im sozialen Netz vornehmen.
Oskar und sein soziales Gewissen – dessen Auswirkungen sind so nachhaltig wie eine Fahrradbremse am Intercity. Es geht um Geld, da hat die Demokratie nichts zu suchen! Beim Geld werden die Deutschen absolut demokratieresistent!
Theo Waigel weiß das. Der glaubt doch heute noch, er hat bei der Währungsunion für jede Ostmark zwei D-Mark bekommen.

Habe Oskar geraten, nicht als Kanzler zu kandidieren, unter keinen Umständen. Dann kann er immer sagen, was er wirklich denkt! Daß er allen Rentnern am liebsten das Wahlrecht entziehen will und allen Frauen den Führerschein. Daß er für alle Jugendlichen Drogenkonsum zwingend vorschreiben und ab sofort nur noch für Tiere bremsen will.

Oskar als Kanzlerkandidat der SPD wird die Menschen so erschrekken, daß sie überzeugt sind: Nun kommt der Iwan zurück und mit ihm das ewige Eis. Sie werden Lebensmittel, Kerzen und Petroleum horten, sie lassen die Rolläden runter, Frauen und Kinder nicht mehr auf die Straße und die Dobermänner von der Leine – weil sie »Bild« und der Wahlwerbung der CDU glauben, daß nun wieder mal das sozialistische Chaos ausbricht! Der intelligentere Teil der Bevölkerung wird ihn erneut für das kleinere Übel halten. Oskar Lafontaine als Kanzlerkandidat der SPD, und ich prognostiziere für die Bundestagswahl '98 höchstens 29,7 Prozent für uns.

Es gibt einen gewaltigen Unterschied zwischen Oskar und mir: Ich werde noch gebraucht.

Es war ja nicht seine Rede, weswegen ihn die Delegierten zum neuen Vorsitzenden gewählt haben. Die Rede war inhaltlich eher Dünnebier. Aber diese Partei ist so ausgetrocknet und verdorrt, die ist für jeden Tropfen dankbar.
Der entscheidende Grund war ein anderer: Dick ist in. Kohl, Joschka Fischer, Gysi – alle rund und fett. Und nun hat die SPD endlich auch einen, der sein Jackett nicht mehr richtig schließen kann.

Der vierte französische Atombombenversuch. Die Welt hat sich daran gewöhnt und ist abgelenkt, vom Friedenspalaver in Dayton und Bayern Münchens Sieg über Lissabon. Wieviele Tests stehen noch bevor? Zwei oder drei. O.k., Monsieur Le President, ich an Ihrer Stelle würde es schnell hinter mich bringen, irgendwann interessiert sich dann auch kein Mensch mehr dafür, was für ein Arschloch man ist.

Ich habe mich überwunden und erneut in Wolfgang Schäubles Buch »Und der Zukunft zugewandt« hineingeschaut. Herr Schäuble schreibt darin: »Die zweieinhalb Millionen ehemaliger SED-Mitglieder dürfen im vereinten Deutschland nicht vom demokratischen Prozeß ausgeschlossen werden. Sie müssen ihre Chance in der freiheitlichen Demokratie haben (...). Ist etwa Gregor Gysi weniger ehrenwert als viele andere Mitglieder des Deutschen Bundestages? (...) Gysi kann für sich nicht nur in Anspruch nehmen, intelligent und witzig zu sein, man kann ihm auch nicht vorwer-

fen, daß die Schlechtigkeit aus jedem seiner Knopflöcher herausschaute (...). Allerdings ist jeder letztlich in der Partei, die er verdient.«
Schäuble ist in der CDU. Das ist die Partei, die sich beim großen Hearing zum Thema »Rehabilitation der Wehrmachtsdeserteure« Gutachter ranholt, daß einen der kalte Ekel ankommt: Generalmajor a.D. Jürgen Schreiber. Dessen Vater war Reichsgerichts-Generalrichter, und so weiß der Sohnemann aus erster Hand, daß es »keine NS-Militärjustiz gab, nur eine Kriegsgerichtsbarkeit, die auf rechtsstaatlich nicht zu beanstandenden förmlichen Gesetzen beruhte«. Deserteure sind für ihn Drückeberger und Feiglinge. Genauso Otfried Keller. Der findet, daß die Urteile der Wehrmachtsgerichte »abgesehen von einigen Ausnahmen« rechtmäßig waren. Kein Wunder: Der Mann war im Zweiten Weltkrieg selbst Richter der NS-Militärjustiz. Und außerdem Erich Schwinge. Der galt als maßgeblicher Kommentator des Wehrstrafrechts und scharfer Kriegsrichter im Nazi-Regime.
Die CDU kann sich umbenennen in »Freundeskreis alter Nazirichter«. Wahlkampfmunition für mich? Wahrscheinlich nicht.

Der Kanzler ist in Fernost. Hundertsiebenundsiebzig Kilo Fett im Sakko an den Ufern des Mekong, um ihn herum schlanke Frauen in enganliegenden, seitlich geschlitzten Gewändern. Und ich mit Hillu unter der Zimmerpalme. Das wird sich ändern, das muß sich ändern.

Wer wissen will, warum die Engländer schon vor Jahrhunderten auszogen, um Kolonien zu erobern und ein Weltreich zu gründen, der muß nur drei Dinge tun: englisches Essen probieren, in englischen Betten liegen und englische Frauen bei der Morgentoilette beobachten. Ich schaue also ins Land der wahnsinnigen Kühe und sehe die berühmteste Kindergärtnerin der Welt.
Lady Di finde ich griffig. Trivialer Kitsch aus völlig verkorkstem Milieu, irgendwie Plattenbauerotik im Palast, sehr geil. Wenn ich mir vorstelle, Diana würde den FDP-Vorsitz übernehmen, dann überkommt mich Lust auf eine Koalition.

Beckstein (bayerischer Innenminister) will Bürgerkriegsflüchtlinge möglichst schnell wieder nach Jugoslawien schicken. Bin mit dem Herzen dagegen und mit dem Verstand dafür: Deutsche Waffen haben schließlich einen Anspruch auf gut genährte und erholte Ziele. Muß an die Arbeitsplätze denken, werde Beckstein unterstützen.

Der Antichrist ist über Irland und Polen gekommen. Und dann noch das Kirchenvolksbegehren in Deutschland! Das wurde von etwas über einer Million Gläubigen unterschrieben. So viele gibt's also noch. Dem großen Rest ist es demnach völlig gleichgültig, was die römischen Dogmatiker zur Sexualität absondern, welche Rechte sie den Frauen einräumen wollen oder nicht, wieviel Verantwortung sie den Laien zugestehen und welche zölibatären Torturen sie sich selbst auferlegen. Und in das Büro von Kardinal Ratzinger (das ist dem Papst sein Stoiber) sind Räuber eingedrungen und haben geheime Briefe, Lebensläufe, Dokumente und auch den Computer geklaut. Der arme Herr Ratzinger – immer wenn ich ihn treffe, denke ich: So ein Christ müßte eigentlich viel getrösteter aussehen.

Dezember

Ich habe mir immer viele Kinder gewünscht, viele – es ist ja nicht einzusehen, daß sich immer nur die Arschlöcher fortpflanzen. Die Familie ist eine Zelle. Das meine ich jetzt nicht juristisch, sondern biologisch. Zellen haben die Angewohnheit, sich zu teilen.
Ich hätte gern einen Jungen, einen richtigen deutschen Jungen. Kein indisches Mädchen, das mal im Steinbruch landet. Kein bettelndes kolumbianisches Straßenkind. Kein schwarzamerikanisches Ghettokind, das mit sechzehn in der Todeszelle landet und nicht mal ein anständiges Buch aus der Anstaltsbibliothek lesen kann. Nein, einen deutschen Jungen, der's mal besser haben soll.

Man will ja auch den Rechtsanspruch auf einen Kindergartenplatz wahrnehmen. Das Gesetz soll am 1. Januar 1996 in Kraft treten, als Belohnung für alle, die nicht abgetrieben haben. Gut, daß wir seinerzeit den Zeugungsakt unterlassen haben. Denn jetzt tritt das entsprechende Gesetz doch erst am 1. Januar 1999 in Kraft.

11. Dezember – Hillus Geburtstag. Jetzt will sie auch noch einen Hühnerstall und das dazugehörige Federvieh. Habe versprochen, diesen Quatsch zu finanzieren. Geht aber erst im Frühjahr. Habe ihr statt dessen kostbare Ohrringe geschenkt. (Ein Schnäppchen! Versicherungsschaden ...?) Ganz nette Feier: alkoholfreies Bier und Käsewürfel.

Friedrich Engels hat in seinem Buch »Der Ursprung der Familie, des Privateigentums und des Staates» nachgewiesen, daß mit der Familie das ganze Elend erst so richtig angefangen hat.
Ich meine: Familie bewirkt Familienpolitik.
Familienpolitik, das ist: Kindergeld, Scheidungsrecht, Paragraph 218, Pfadfinder, Bafög, Wehrpflicht, Haftpflicht und so weiter.
Familienpolitik kann einen Familienvater völlig fertigmachen.
Kann man die Politiker abschaffen?
Nein.
Kann man demnach die Familienpolitik abschaffen?
Nein.
Wenn man sie aber abschaffen will: Was muß man dann abschaffen?
Richtig: die Familie!

Gedanken in der Vorweihnachtszeit: Das Schlimmste, was sich die Menschheit im Lauf der Geschichte angetan hat, ist Schreiben und Lesen zu lernen. Eine Gesellschaft ohne ABC, eine Masse Mensch, die offenbar nur vom Analphabetismus zusammengehalten wird, hat entschieden weniger Probleme! Ich sehe das jeden Nachmittag am Publikum von Bärbel Schäfer, Ilona Christen, Meiser, Fliege & Co.: unglaublich, wie anspruchslos und belastbar die Leute sind. Und dabei so fröhlich! Merken die nicht, daß sie sich permanent selbst verscheißern? Über die Comedy-Show RTL-Nacht kann ich auch nicht mehr lachen. Die Maßeinheit des Zumutbaren ist ein Wigald. Wer es schafft, in einem Toyota-Werbespot die Nachfolge von Affen anzutreten, ohne daß das jemand bemerkt, kriegt hundert Boning extra.

Noch dreiunddreißig Monate bis zur Kanzlerschaft

Januar

Den wichtigsten Satz der letzten Zeit sagte der Kanzler in seiner fulminanten Neujahrsansprache: »Am Umdenken führt kein Weg vorbei.« Dieser Satz ist wegweisend. Und bezeichnend für ihn ist, daß er nicht gesagt hat:
»Am Denken führt kein Umweg vorbei.«

Bin in in schallendes Gelächter ausgebrochen, als unser SPD-Bundesgeschäftsführer Franz Müntefering mit gußeiserner Miene erklärte, die Regierung sei »stehend k.o.«. Warum drückt er dann nicht dem Axel Schulz ein paar Mark in die Hand, damit er sie umschubst? Das wenigstens wird er ja wohl können.

Lese neuerdings lieber »Focus« als »Spiegel«. Die kurzen Geschichtchen, die kleinen sauberen Kästchen, die Bildchen und das Scheibchendenken – das kommt gut an. Das ist nicht so schwerblütig, sondern leicht verdaulich, und mehr Information wäre auch für einen Ministerpräsidenten kontraproduktiv. Insgesamt vertritt das Blatt eine erfreuliche Tendenz.
Herzerwärmend die Überschrift: »Lübeck – die Brandkatastrophe hinterläßt ein ungutes Gefühl«.

Die »Bunte« hatte zum Suchtgipfel gebeten: Suffkopp Juhnke und Koksnase Wecker (Freund von Scharping!) im Dialog.
Zitat Juhnke: »Wenn ich unter mein Niveau gehe, werde ich böse auf mich.«
Zitat Wecker: »Es gibt ein Tonbanddokument, da singe ich arabisch, obwohl ich diese Sprache überhaupt nicht kenne.«

Die »Bunte« protokollierte das Geschwafel und fotografierte die Herren dabei, RTL sendete den Mitschnitt.
Überlege, die Arbeiterwohlfahrt anzuweisen, dem Harald was zu saufen und dem Konstantin was zu schnupfen zu geben, damit die beiden wieder ein bißchen mehr auf ihren Umgang achten.

Seit die Telekom auf allen Fernsehkanälen zentnerweise Werbespots sendet und alle Zeitungen und Zeitschriften mit Anzeigen vollschaufelt, liest und sieht man keine negative Berichterstattung mehr über sie. Unsere Pressefreiheit funktioniert.

In Deutschland, Frankreich, Holland und Belgien gibt es acht Millionen Freilandhühner, aber täglich dreißig Millionen verkaufte Freilandeier. Fast jedes dieser hochpotenten Hühner legt also vier Eier am Tag. Hillu sagt Hühnermafia, ich behaupte: marktgerechtes Verhalten. Schlucke jeden Morgen zum Frühstück zwei rohe Goldhuhneier des nun auch nicht mehr freilaufenden Hühnerzüchters Pohlmann, um meinen latenten Nikotinbedarf zu decken.

Das Problem, um das ich mich kümmern muß, ist die Hühnerkacke – das hat eine Dienstreise ins Oldenburgische eindeutig ergeben. Hühnerkacke heißt landwirtschaftlich korrekt Gülle. Man muß zwischen Gülle und Jauche unterscheiden. Entscheidend ist der Feststoffanteil. Wenn jedes Huhn täglich zwanzig Gramm Scheiße von sich gibt, sind das bei fünfundzwanzigtausend Hühnern fünf Tonnen täglich.
Der Landrat erzählte mir, auf manchen Grundstücken steht den Bauern die Gülle bis zu den Knien. Und einige können nicht mal mehr den Horizont sehen.
Die Belastung von Wiesen und Äckern mit der vielen Gülle ist natürlich nicht zulässig, aber für die Landwirtschaft geht es um die Wurst. Die Gülle ist ihr täglich Brot. Die Algen in der Nordsee, das verseuchte Grundwasser – es geht da wirklich um unsere Umwelt. Die Gülle macht sie hin.
Umweltministerin Merkel hält sich bedeckt. Das ist korrekt, denn Oldenburg ist mein Einflußgebiet.

Noch schlimmer dran sind die Bauern, die Schweine halten. Schweine sind unmenschlich. Die produzieren ja nicht so kleine Grammportionen, sondern Riesenhaufen. Der Landrat sagt, unter abfallrechtlichen Gesichtspunkten betrachtet, sind Hühner, Schweine und Umweltministerinnen identisch, obwohl ich persönlich nicht glaube, daß die Exkremente der Frau Merkel den Horizont verfinstern.

Hohenblöken jedenfalls, ein hübsches Dorf, mit einer uralten romanischen Kirche, handgeschnitztem Altar eines unbekannten Meisters aus dem 14. Jahrhundert, Arp-Schnitger-Orgel, schönen Fresken – Hohenblöken wurde schon vor zehn Jahren regelrecht zugeschissen. Es ist in der Gülle untergegangen. Wie die Titanic. Blubbblubb.

In Haiti gibt es ein Sprichwort: »Wenn Arbeit schön wäre, würden die Reichen sie nicht den Armen überlassen.«

Vier-Punkte-Plan CDU, Neun-Punkte-Plan Rexrodt, drei Zehn-Punkte-Pläne von Stoiber, Lafontaine und DGB, Zwölf-Punkte-Plan SPD, Fünfzig-Punkte-Plan Bundesregierung. Macht zusammen hundertundfünf Punkte – damit kann man schon mal nicht absteigen.

Der Kanzler will die Zahl der Arbeitslosen bis zum Jahr 2000 halbieren. Das hat er sich ganz allein ausgedacht, wahrscheinlich, weil er das besser kann als vierteln oder dritteln.

Einen haushohen Punktvorsprung haben wir uns bei VW erarbeitet: Mein humanistisch denkender Konzern mit seinen hundertvierzigtausend Beschäftigten will in diesem Jahr tausend neue Stellen schaffen. Das ist ein bemerkenswertes Opfer, das da in Wolfsburg gebracht wird, und wir sind froh, daß eine weit größere Zahl an Arbeitsplätzen auch 1996 dem Vorruhestand anheimfallen wird, sonst würde die Firma platzen.

Erfreuliche Nachricht zum Jahresanfang: Mercedes-Benz hat mit sechs Milliarden Mark den größten Verlust der deutschen Industriegeschichte eingefahren. Panzer, LKWs, Autos, Flugzeuge, alles, was wir Deutschen von Herzen liebhaben – und die schmieren derartig ab. Eine ganz neue Form von Wirtschaftswunder.

Baue zur Zeit in jede Rede folgenden Satz ein: »Den Sozialstaat zu sichern und zu festigen ist gemeinsames Ziel und gemeinsame Aufgabe.« Bringt immer Beifall.

Hillu ist sehr lieb, sie paukt mit mir regelmäßig die neuen Vokabeln: Konjunktur-Motor, sozialpolitische Notbremse, Lohnnebenkosten, Abschreibungsmodalitäten, Wettbewerbsfähigkeit des Humankapitals, Beschäftigungsförderungsgesetz, Junktims-Vorbehalt, soziale Affinität, Steuerlastquote, Solidaritätssteuer, Mehrwertzuschlag, Einkommensumbau und Sozialstaatsverzicht. Meine Kompetenzmobilität wächst.

Die Bundesregierung hat einige neue Sprachregelungen herausgegeben, die mir einleuchten: Arbeitslosigkeit heißt nun »Neue Kultur der Selbständigkeit«. Arbeitslos sein bedeutet nichts anderes als »Eigenverantwortung tragen«. Und »Bündnis für Arbeit« bedeutet zum Beispiel, wenn ein unkündbarer Beamter seine Putzfrau heiratet.

Ich bin dafür, daß die Menschen mit siebzig Jahren das Rentenalter erreichen. Wenn sie mit zwanzig angefangen haben, in die Sozialversicherung und die Rentenkasse einzuzahlen, dann ist nach fünfzig Jahren ein hübsches Sümmchen zusammengekommen. Meine Lebenserwartung beträgt fünfundsiebzig Jahre, das will ich auch einhalten, also für fünf Jahre Rente fünfzig Jahre lang zu bezahlen, ich denke, das wäre eine FDP-Sozialpolitik auch nach dem Geschmack der CDU, die die SPD ohne weiteres mittragen könnte.

Günther Dahlhoff, bis vor kurzem deutscher Botschafter auf Haiti, hat das Problem der Überbevölkerung analysiert: »Die haitianische

Frau will immer, und der haitianische Mann kann immer.« Nun höre ich, auf dem Gebiet der ehemaligen DDR gibt es nach langer Durststrecke einen leichten Geburtenüberschuß. Wie schön: Die Ossifrau will nicht mehr so selten, der Ossimann kann auch manchmal.

Hillu und die Töchter haben wahnsinnig gelacht über »Emmas« Frauenwitz des Monats: »Was macht frau, wenn ein Mann im Zickzack durch den Garten läuft? Antwort: Weiterschießen.«
Prima, der Witz! Hoffentlich ist es ein serbokroatischer Vergewaltiger.
Aber wie ich »Emma« kenne, ist es wahrscheinlich nur Volker Rühe.

Peter Boenisch hat mal wieder einen Treffer in der »Bild«-Zeitung gelandet. Letzter Satz eines Kommentars von ihm: »Besser ein gesunder Kern als ein kranker Schwamm.« Kluger Satz. Aber vielleicht ist es besser, zu sagen: »Besser ein gesunder Schwamm als ein kranker Kern.«
Oder noch besser: »Besser ein schwammiger Gesunder als ein kerniger Kranker.« Oder am besten: »Besser ein schwammiger Kern als ein kranker Gesunder.«
Ich fürchte, in Boenischs Kopf ist nur noch Badematte. Er sollte seinen Kontakt zur Presse auf das Einwickeln von Heringen beschränken.

Februar

Ich habe Weihnachten überlebt und die lärmenden Silvesterbeschwörungen, ich habe das Martyrium des Januar überstanden, wo ich nichts zu erwarten hatte außer dem Februar, lähmend depressive Wochen liegen hinter mir. Hege große Hoffnungen auf das Ende von eiskalten Winden und nassen Füßen. Hoffnung auch auf das baldige Ende der karnevalistischen Vermummung, der damit verbundenen galoppierenden Verblödung und den Exitus der

Faschingsfröhlichkeit. Hillu mit Pappnase macht mich krank. So kann man doch keine Politik machen!
Lege mich abends freiwillig in die Abstellkammer, ertrage den in ein winziges handgenähtes Dirndl gekleideten Goldhamster neben mir auf dem Kopfkissen, käsewürfelknabbernd, stöbere in alten Kalendern, bin sehr nostalgisch.

Was für hoffnungsvolle Revolutionen wurden im Februar auf die Straße gebracht! 1848 hat man in Frankreich Ludwig Philipp vom Thron gekantet und sowohl den Adel wie auch die Todesstrafe abgeschafft, was allerdings für einen Bürgerlichen wie mich nur schwer einzusehen ist. Neunundsechzig Jahre später in Petrograd, da wurde Rußland de facto Republik. Daran haben die Russen bis heute zu knacken. Sogar im schlaffen Österreich gab's mal einen Februaraufstand: 1934 durch die österreichischen Sozialisten.
Im Februar 1848 erschien das Manifest der Kommunistischen Partei von Marx/Engels in deutscher Sprache, was mir ja auch mal was bedeutet hat, und im Februar 1959 wurde mein alter Freund Fidel Castro Ministerpräsident auf Cuba.
Mit den Februarerlassen von 1890 strebte Wilhelm II. die Einberufung einer ersten internationalen Arbeiterschutzkonferenz sowie eine einheitliche Sozialpolitik an. Die Mitberatung und die Gleichberechtigung der Arbeitnehmer sollten berücksichtigt werden, aber vor allem wollte er die SPD auf die Ballonmütze hauen. Ich konstatiere manchmal eine erstaunliche Nähe zwischen seiner Majestät und unserem gegenwärtigen Arbeitsminister.

Ich beschließe, den Februar zu genießen, denn im März ist alles wieder wie gehabt.

In Köln hat Kardinal Joachim Meisner einen Soldatengottesdienst veranstaltet, in dem er die Soldaten als die von Gott ausersehenen Friedensstifter und Friedensbewahrer würdigt. Der Friede sei den auf den Lobpreis Gottes und seine Anbetung hingeordneten Soldaten anvertraut, und unser Volk könne beruhigt sein, wenn die Waffen in den betenden Händen unserer Soldaten vor Mißbrauch sicher

seien, hat er gesagt. Dreihundertsiebzigtausend Bundeswehrsoldaten – das macht siebenhundertvierzigtausend betende Soldatenhände.
Wie wird der Soldat mit zum Gebet gefalteten Händen eine Handgranate werfen, und wie wird er seine Maschinenpistole abfeuern, wenn seine Hände den Rosenkranz beten?
Sollte der Bundestag unsere Soldaten in die Friedensmission schikken, also das, was man früher »Krieg« nannte, werde ich mich wohl weniger auf ihre betenden als vielmehr auf ihre tötenden Hände verlassen.

Bundesjustizminister Edzard Schmidt-Jortzig macht mir viel Freude, weil ich seinen Namen so gern ausspreche. Ich zische ihn in den Raum, und jedesmal, wenn ich das tue, fällt unser Kanarienvogel ohnmächtig von der Stange, wahrscheinlich, weil er denkt, die Katze leckt sich die Lippen.
Hillu will, daß ich Edzard Schmidt-Jortzig auffordere, zwei Sätze unter schwere Strafe zu stellen:
1. »Zivilisten sind potentielle Leichen.«
2. »Frauen, Kinder und Greise sind potentielle Selbstmörder.«

Gestern abend nach langer Zeit mal wieder ein Gespräch mit meinen Töchtern. Erstaunlich, was die jungen Leute heute alles so im Kopf haben: Altersrente, Teilrente, Frührente, Kombinationsrente ... Habe sie darauf hingewiesen, daß man auch die Pflegeversicherungsbedarfslückenüberbrückung, den Ruhestandsvorsorgeregelungsausgleich, das Lohnsteuernebenkostenproblem, die Rentenanspruchsnachzahlungsvoranschläge und die Teilzeitausgleichsnachschlagsverhandlungen nicht außer acht lassen darf, weil alle diese Dinge wichtige Arbeitsplätze für Rentenberater garantieren.
Die Mädchen zeigten sich sehr verständig. Besonders interessierten sie sich für die diversen Bündnisse: Bündnis für Arbeit, Bündnis für Aufschwung-Ost, Bündnis für Wehrpflicht, und vor allem Bündnis für Frühverrentung von Abiturienten.
Hillu kam sich mal wieder besonders schlau vor und schrie dazwi-

schen, mir sei doch wohl nur eines wichtig, das Bündnis für allgemeine Verarschung.
Tja, habe ich geantwortet, wer jetzt kein Bündnis hat, der schließt auch keines mehr. Ich kenne keine Parteien mehr, ich kenne nur noch Bündnisse.
Die Mädchen waren schockiert über unseren gereizten Umgangston. Ich habe ihnen erklärt, daß ich Norbert Blüm eigentlich ganz nett finde. Hillu funkte gleich dazwischen: Das ist der dämliche Zwerg, der nur deshalb in die Politik gegangen ist, weil er glaubt, da kommt man am leichtesten an große blonde Frauen ran.
Ich bin ganz ruhig geblieben, ganz gelassen. Ich habe erklärt, daß ich Norbert Blüms Standpunkt teile, der gesagt hat: »Es war schon immer richtig, ein zweites Standbein für die Altersversorgung zu haben.« Darauf Hillu: »Kann man auf zwei Standbeinen denn laufen?« Da sind unsere Töchter dann weinend rausgelaufen.
Und sowas nennt sich Konsens-Gesellschaft.
Hillu hat aus der Küche gebrüllt, wenn du die Rentenkassen um siebzehn Milliarden Mark entlasten und die Unternehmen stärker fordern willst, indem sie endlich möglichst viele Halbzeitstellen schaffen, das bedeutet doch nur, daß die Arbeit in den Betrieben umverteilt werden muß und daß die Personalcomputer neu programmiert werden müssen. Und das macht enorm viel Arbeit.
Eben, habe ich zurückgebrüllt. Außerdem bin ich als Ministerpräsident nicht verpflichtet, meine Fehlentscheidungen auch noch zu begründen.
Da hat sie mich einen Leinegockel genannt und Rosenkohl mit Gorgonzola überbacken.

Der idiotischste Liberale ist der, der seine Ansichten ernst nimmt. Bundeswirtschaftsminister Rexrodt ist so einer. Angesichts der Lava bei der Bremer Vulkan-Werft sagte er: »Ohne Konzept gibt es kein Geld.«
Das sind natürlich ganz neue Töne – wenn ich an den sogenannten Aufschwung Ost denke, wie konzeptlos da die Kohle verballert wurde, oder an die Subventionen für die Kohlezechen: Da war's ja bisher genau umgekehrt.

Bisher ist diese Flachpfeife Rexrodt doch nicht mal in die Nähe eines Gedankenansatzes für ein Konzept gekommen.
Mein Vorschlag: Bis Rexrodt das erste brauchbare Konzept seiner Amtszeit vorlegt, wird sein Ministergehalt gesperrt.

Die Zugewinngemeinschaft, der dieser Rexrodt angehört, hat das Bruchstück eines Konzepts eines Fragmentes eines Entwurfes für ein neues Programm vorgelegt. Darin wird aus der »Partei der Besserverdienenden« die »Partei der Leistungsbereiten«. So empfiehlt sich die FDP den Arbeitslosen und Sozialhilfeempfängern. Richtschnur zukünftiger FDP-Politik ist die Erkenntnis: »Deutschland hat sich zur Gefällkigkeitsdemokratie entwickelt ... In der Gefälligkeitsdemokratie kommt es nicht mehr darauf an, ob eine Entscheidung gut oder schlecht ist, sondern nur noch darauf, ob sie ankommt oder nicht.« Offenbar bedient sich die FDP bei ihrer Konzeptfindung aus dem Abfalleimer von Karl Dall.

Dr. Peter Glotz gilt immer noch als einer der klügsten Köpfe in meiner Partei. Da möchte man die Gedanken der anderen Hinterbänkler gar nicht mehr kennenlernen. Glotz, bildungspolitischer Sprecher der SPD-Bundestagsfraktion, die wiederum Teil ist jener ehemaligen Arbeiterpartei, zu deren Programm es mal gehörte, allen Menschen, ohne Rücksicht auf deren Herkunft, Chancengleichheit beim Zugang zur akademischen Bildung zu verschaffen, Genosse Glotz will von den Studierenden pro Semester tausend Mark einfordern.
Nein, das macht ein Schröder nicht mit. Denn angenommen, Glotz kommt damit durch: Was werden diejenigen tun, die daraufhin ihr Studium aus finanziellen Gründen abbrechen müssen?
Sie werden ihr Recht auf Arbeit oder Sozialhilfe einklagen. Das kostet. Und diejenigen, die auf den Universitäten bleiben, werden sich wohl – weil sie ja viel bezahlen – kaum mit mittelmäßigen Lehrveranstaltungen in abbruchreifen Institutsräumen und mit abgewirtschafteten Bibliotheken zufrieden geben. Das kostet dann noch mehr. Das müßte eigentlich auch Glotz als bildungspolitischer Teilzeitmarxist begreifen.

Oskar Lafontaine ist auch nicht mehr ganz dicht. Offenbar totaler Stromausfall in seinem Kopf. »Das Boot ist voll« und »Aussiedler raus« hat er lauthals gestoibert und gekanthert. Das kann er machen, wenn er mal Kanzlerkandidat ist. Wenn! Bis dahin dürfen nur führende Christdemokraten Sprüche absondern, durch die sich Neonazis dazu legitimiert fühlen, alles Fremde abzufackeln.

Ich muß bei Gelegenheit in vertraulichen Hintergrundgesprächen fallenlassen, daß Lafontaine, zu deutsch Springbrunnen, 1943 in der sogenannten Westmark, in Saarlouis, zu deutsch Saarludwig, geboren wurde. Die Region wurde erst im Januar 1957 politisch in die Bundesrepublik Deutschland eingegliedert. Der Exfranzose Oskar soll mir also nicht vorschreiben, wie ich mit meinen Exrussen zu verfahren habe. Sonst kommt von mir ganz schnell das Kommando: Saarländer raus!

Idiotischer Presse- und Fernsehrummel um unseren Besuch auf dem Wiener Opernball. Ich habe mir Lackschuhe und Frack gekauft, und ich bin auf Kosten der VW AG, deren Großaktionär der niedersächsische Steuerzahler ist, mit Piëch dahin gedüst. Na und? Ich bin schließlich der Aufsichtsratsvorsitzende.
Der Abend war ziemlich steif. Habe einmal mit Hillu getanzt. Hatten Koordinationsprobleme.

Hillu hat in einem Interview gesagt, sie gewinne »mehr und mehr den Eindruck, als Politiker oder als Familie eines Politikers lebe man mittlerweile wie im Orwellschen Staat«.
Habe mir gleich alles aus dem Archiv der Staatskanzlei bringen lassen, was die an Informationen über den Roman »1984« von George Orwell vorrätig hatten. Dabei war eine »Spiegel«-Rezension, in der steht: »Dieser Roman (...) ist zur Chiffre geworden für alles, was die Welt an Totalitarismus und Personenüberwachung, an Gesinnungsterror und Bürokratie, an amtlicher Verlogenheit und Manipulation der geschichtlichen Wahrheit, an psychischen Schrecknissen und verletzter Menschenwürde, an Vernichtung von Liberalität und Persönlichkeit, ob Liebe oder Religion, erfunden hat.«

Ich habe irritiert aus dem Fenster geschaut, aber alles, was ich sehen konnte, war Hannover an der Leine in Niedersachsen.

Der Ältestenrat des Bundestages hat für kurze Zeit die Augen aufgeschlagen. Einer der dort hockenden Alten muß eine Untersuchung der Mainzer Uni-Klinik gelesen haben, in der es heißt, ein eingeschaltetes Handy, das in Kopfnähe plaziert ist, habe eine einschläfernde Wirkung, und es verkürze die Zeitspanne bis zum Eintritt der ersten Traumphase.
Deswegen sollen nun auf Anregung des Ältestenrates alle Abgeordneten mit einem Handy ausgerüstet werden. Und auch einen Laptop will man den Abgeordneten – für die kurzen Wachphasen auf ihren Reisen – zuschanzen. Per Gesetzesänderung soll erreicht werden, daß die Kosten dafür vom Bund übernommen werden. Ich denke, dies ist ein Zeichen für die Intelligenz der höheren Stände.
In George Orwells »1984« steht auch: »Wenn man herrschen und sich an der Herrschaft behaupten will, muß man das Wirklichkeitsgefühl zurechtrücken können.«

Hillu antwortet auf die Frage, was sie an mir am meisten schätzt, bei einem Fernsehinterview, daß sie mir absolut vertrauen kann. Kann sie auch: Ein Schröder ist der Gradmesser für Zuverlässigkeit.

Der Präsident des Bundesverbandes des Glas-, Porzellan- und Keramikeinzelhandels e.V. erhebt lautes Wehklagen über einen Umsatzeinbruch und rote Zahlen, und er jammert, die Treue zum alten Geschirr sei »unglaublich stabil«, und es sei eben echt Scheiße, daß niemand mehr Familienfeste wie zum Beispiel Polterabend feiere.
Ich denke, das ist ein begrüßenswerter Fortschritt: Die moderne junge deutsche Hausfrau wirft nicht mehr mit Tellern und Tassen nach ihrem Mann, und der, wenn überhaupt, trinkt vorzugsweise aus der Flasche. Der schöne alte Spruch: »Mußt du aus Wut mal etwas schmeißen, nimm doch Porzellan aus Meißen« – er hat sich überlebt! Das deutsche Kind weigert sich, mutwillig oder aus Versehen die Schnabeltasse fallen zu lassen, und sogar das deutsche

Kaffeekränzchen hat nun endlich das zum Gesprächsinhalt passende Pappgeschirr gefunden. Es geht aufwärts!

Dienstag, 27. Februar, Oslo. Ein selten tristes Nest. Aber: Doris!
Mittwoch, 28. Februar, Doris! Wow!
Donnerstag, 29. Februar, Doris! Na bitte, es geht doch noch.

März

Brutale Aussprache mit Hillu. Die vegetarische Tierfreundin, von der ich mir gut vorstellen kann, daß sie von Scientology unterwandert ist, pöbelt über meine »Focus«-Schnepfe und schreit, ich sei ein eitler, egozentrischer und prunzdummer Currywurstfan, der viel besser in die Rumpelkammer paßt, als ich das überhaupt für möglich halte. Sie keift so laut, daß wir die Fenster schließen müssen, weil sich draußen die Nachbarn zusammenrotten und denken, bei uns findet eine Hausschlachtung statt. Dann hat sie mich aus dem Haus geworfen, immerhin aber noch nach Hannover reingefahren zur Staatskanzlei.
Die Firma Gerhard & Hillu ist im Eimer, der Mythos zerstört.
Bill & Hillary, ihr habt es besser.

Ich habe eine vage Hoffnung auf bessere Zeiten. Aber erstmal müssen Doris und ich den öffentlichen Wirbel in den Griff kriegen. Sowas kann ja auch von Nutzen sein.

Hermann Otto Solms, FDP-Fraktionschef im Bundestag, meinte, ungefragt zu meiner Ehe den Satz absondern zu müssen: »Wenn mir meine Frau derart und ständig über den Mund fahren würde, dann würde ich mir auch überlegen, ob ich nicht weggehe.« Wahrscheinlich will er sich bei mir einschleimen. Aber ich kenne keine Frau, die einen Reiz darin sehen würde, dem Solms über den Mund zu fahren. Das macht nur einer: Wolfgang Schäuble. Der kann ja gar nicht anders.

Offenbar, nach allen Presseberichten, sind die Leidtragenden des Monats die deutschen Frauen: Sie haben nur die Wahl, von Harald Juhnke geohrfeigt, von Gerhard Schröder geschwängert oder von Hermann Otto Solms verlassen zu werden.
Doris engagiert sich für Wildblumen und Unfallopfer. Sie verkörpert das Beste aus Hannelore Kohl und Loki Schmidt.

Joschka Fischer ist auch mal wieder in den Fettnapf gelatscht. Als von seiner grünen Basis der Vorschlag kam, ein Grüner im Parlament solle lediglich ein Facharbeiter-Gehalt in Höhe von dreitausendfünfhundert Mark kassieren, schrieb der fette Fischer in der »Saarbrücker Zeitung«: »Das ist der größte Blödsinn, den ich je erlebt habe. Soviel verfuttere ich doch schon, wenn ich unterwegs bin im Speisewagen.«
Wenn ich mir vorstelle, Joschka Fischer im Speisewagen und dann so 'ne Zeche: Da kommt einem Schröder das Kotzen.

Beim ZDF-Magazin WISO gab's eine Wasserverkostung. Dabei erhielt von zehn Testgetränken das Wiesbadener Leitungswasser die zweitbesten Noten, während das teuerste Mineralwasser den letzten Platz belegte. Wahrscheinlich ist es wirklich am sinnvollsten, in Restaurants und Kneipen den Kopf ins Klo zu stecken, wenn man was trinken will.

Ich habe gelesen: Im Osten sterben im Straßenverkehr, bezogen auf die Bevölkerungszahl, doppelt so viele Menschen wie im Westen.
Da, scheint mir, deutet sich die Lösung einiger Probleme an.

Wer heutzutage Kühe frißt, hat einen weichen Keks – da gebe ich meiner Ehemaligen ausnahmsweise mal recht. Manchmal denke ich aber, der Rinderwahnsinn kann die Deutschen gar nicht treffen, denn die Voraussetzung für diese Krankheit ist ja, daß man ein Gehirn hat. Oder wenigstens ein bißchen, worin sich der Wahnsinn einnisten kann.
Der Fußballspieler Bernd Schuster erhält 2,8 Millionen harte Deutschmark netto als Abfindung dafür, daß er damit einverstan-

den ist, nicht mehr das Spielfeld von Bayer Leverkusen zu betreten. Das ist brutto ungefähr die Summe, die dabei herauskommt, wenn jeder deutsche Arbeitslose dem Herrn Schuster eine Mark in die Hand drückt.
Andererseits wird der ganze Polizeiapparat bei Fußballspielen auch von den Steuern derjenigen bezahlt, die sich schon lange keine Eintrittskarte fürs Stadion mehr leisten können. Die Solidarität in unserem Land ist der blanke Wahnsinn. Wer will, daß die deutsche Mark hart bleibt, hält sich fern vom Fußball.

Theo Waigel ist, wenn Erwachsene wie ich über Geld reden, kein Thema mehr: Seine Steuerschätzungen sind seit Jahren falsch, das weiß man, der Mann findet offenbar Vergnügen daran, ein Loch zu verwalten. Seine Maxime lautet: Nicht Geld, sondern fehlendes Geld regiert die Welt.
Da lobe ich mir den Chef von Gesamt-Metall, Werner Stumpfe. Der Vertreter der größten Besitzstandsdenkervereinigung des Landes predigt die Abkehr vom Besitzstandsdenken – das nenne ich Flexibilität zum richtigen Zeitpunkt.
Natürlich müssen wir in Erwägung ziehen, die Lohnfortzahlung im Krankheitsfall abzuschaffen und sofortigen Urlaubsantritt im Krankheitsfall einzuführen. Selbstverständlich muß länger und härter gearbeitet und logo müssen höhere Beiträge und Steuern gezahlt werden. Auch Lohnverzicht darf kein Tabu sein. Die Arbeitslosenkassen kann man durchaus mit Hungerlöhnen sanieren, auch die Sozialhilfe totzusparen ist möglich, und was die Rentenkassen angeht, da helfen uns Witwenverbrennungen. Die deutsche Mark muß hart bleiben, jedenfalls so lange sie auf ausländischen Unternehmerkonten liegt, wenn wir den Konkurrenzkampf mit den USA und Japan auf dem Rücken der Dritten Welt gewinnen wollen. Doris unterstützt mich in dieser Ansicht vortrefflich. Ihre Avocados, mit altem Gouda überbacken, sind besser als Hillus unter Emmentaler begrabene Artischocken.

Diese Woche und das Geld. Grauenvoll. Der Subventionsbericht der Bundesregierung zum Beispiel ist ein Skandal. Die deutschen

Branntweinhersteller bekommen jährlich dreihundertfünf Millionen Mark, und 1918 wurde ein Gesetz zum Schutz mittelständischer Brauereien erlassen, das denen heute noch dreiundsiebzig Millionen jährlich einbringt. Gut verdienende Zahntechniker werden mit siebenhundert Millionen jährlich subventioniert, und die Steuerfreiheit im Mineralölsteuerbereich geht an die zwei Milliarden ran. Über eine Milliarde versickert im Subventionsdschungel der Landwirtschaft, und mehr als sechs Milliarden kassiert der Steinkohlebergbau.
Wir zahlen rein rechnerisch zweitausend Mark an Subventionen pro Kopf. Das ist doppelt soviel wie in anderen europäischen Ländern. Wir befinden uns nicht im Wachstum, wir sind der Auswuchs.

Phantastische VW-Bilanz: 1995 Rekordumsätze und verdoppelter Gewinn – nach Abzug aller Steuern dreihundertsechsunddreißig Millionen Mark. Trotzdem: Wir müssen für einen weiteren Arbeitsplatzabbau sorgen. Wenn das Unternehmen seine Gewinne ins Unermeßliche steigern will, muß es zwecks hundertprozentiger Einsparung der Lohn- und Produktionskosten nur die Arbeit und somit auch alle Arbeitsplätze abschaffen. Werde das mit aller Macht befürworten, denn: Umfragen haben ergeben, daß die SPD in der Bevölkerungsgruppe der Arbeitslosen weit vorne liegt.
Doris meint, ich kann den Durchbruch schaffen, weil ich der bedeutendste niedersächsische Arbeitslosenführer aller Zeiten bin.

Die Kurden tragen weiterhin ihren Bürgerkrieg auf deutschem Staatsgebiet aus. Diese Leute verletzen permanent das Gastrecht. Wir dürfen uns unsere Demokratie nicht von kurdischen Brandstiftern kaputtmachen lassen. Deutschland liefert keineswegs den Türken die Waffen zur Bekämpfung einer sozialrevolutionären Freiheitsbewegung, sondern es betreibt normale Geschäfte unter NATO-Partnern.
Ich denke, wenigstens das Land, in dem die Waffen hergestellt werden, muß befriedet sein. Der Standort Deutschland soll produzieren, nicht demonstrieren.

Die peinlichste Veranstaltung dieses Monats war die Bundestagsdebatte um den sogenannten Ehrenschutz für die Bundeswehr. Der sei notwendig, plädierte der stets um ein Höchstmaß an Peinlichkeit bemühte rechtspolitische Sprecher der CDU/CSU-Fraktion, Norbert Geis, denn unsere Streitkräfte würden im Ernstfall unter Umständen nicht unsere Position mit der Waffe in der Hand verteidigen, und dies könne zumindest dazu führen, daß wir zu einem gewissen Grad politikunfähig werden.
Also, meinetwegen kann politikunfähig werden, wer will – das ist mir immer noch lieber, als wenn die Bundeswehr mit der Waffe in der Hand die Positionen von Norbert Geis verteidigt.
Noch peinlicher seit Jahren Bangemann, der Politkapaun von Brüssel. Unglaublich, wie der durch die EU eiert, wenn es um die Kennzeichnung genmanipulierter Lebensmittel geht. Jetzt soll also die pilzresistente Tomate mit einem Gen-Tech-Hinweis versehen sein, aber das daraus gewonnene Ketchup soll inkognito bleiben.
EU-Kommissar Bangemann, dessen Gewebestruktur darauf schließen läßt, daß er sich regelmäßig mit Rollmopsgenen behandeln läßt, meint auch, wenn Leute mit Listen in Läden gehen, um ihre Wahl zu treffen, dann ist das ein Fall für die Psychiatrie und nicht für die Lebensmittelkennzeichnung. Anscheinend hält er Leute, die genau wissen wollen, was sie essen, zum Beispiel weil sie Allergiker sind, für gaga. Ich bin dafür, Bangemann notzuschlachten und an Norbert Geis zu verfüttern.

Was ist bloß in den neuen Ländern los! Manchmal lese ich vor dem Einschlafen mit Doris in »Coupé«, der »jungen Illustrierten«, und da schreibt die Kessy (19) aus Chemnitz: »Wir waren grad mal zehn Tage verheiratet, da fing der Horror an: Rolf (31) wollte vorm Schlafengehen in Riesen-Windeln eingepackt werden. Erst hab ich nein gesagt, weil ich's voll pervers find. Aber daraufhin hat Rolf drei Tage nicht mit mir geredet. Also hab ich ihn wie ein Baby gewickelt, am Po dick eingecremt und ihm hinten einen Schnuller reingesteckt. Jetzt ekle ich mich total vor Rolf, hab gar keine Lust mehr auf Sex. Aber das Schlimmste kommt noch: Rolf will, daß ich lerne, ihn richtig sauberzumachen.«

Es kostete mich viel Mühe, Doris klarzumachen, daß ich trotzdem ein Anhänger des allgemeinen und gleichen Wahlrechts bin. Ja, auch Kessy und Rolf aus Chemnitz sollen weiterhin über unser aller politisches Schicksal entscheiden dürfen, desgleichen der »Coupé«-Psychologe. Demokratie heißt ja Volksherrschaft. Doris hat mit mir Bubu gemacht.

April

Jan Philip Reemtsma ist wieder frei. Nun sucht man die Entführer. Ich will mal logisch vorgehen und den Fall rekonstruieren:
15. März: Im Kanzleramt tagt die sogenannte Nullrunde, also Kohl, Blüm, Waigel, Seehofer, Rühe, Kanther. Thema: die Waigelschen Löcher. Kohl sagt, er sehe keine Löcher, allenfalls ein Aufschwungtal. Kanther will das Rentenalter für die Haschischhunde der Zollfahndung auf achtzehn Jahre erhöhen. Seehofer meint, es genüge, wenn man die Polizeipferde erst mit dreißig in Pension schicke und ihnen dafür den Zahnersatz streiche. Sie seien dann immer noch als Fünfhundertneunzig-Mark-Kräfte im Bereich der Bundesgartenschau einzusetzen. Rühe schlägt vor, Kinkel einzusparen – Waigel soll ihm für seine nächste Auslandsreise einfach nur die Hinfahrt bezahlen. Bevor sich die Runde vertagt, erzählt Blüm einen Witz:
Kommt ein Mann zum Arbeitsamt und fragt: Haben Sie einen Job für mich?
Klar, antwortet der Sachbearbeiter, gehobenes Management, fünfundzwanzigtausend im Monat, Dienstvilla und 7er Dienst-BMW. O.k.?
Der Arbeitslose kann's nicht fassen: Wollen Sie mich verarschen?
Naja, sagt der Sachbearbeiter, aber ich habe nicht damit angefangen.
Am 25. März wird Reemtsma in Hamburg entführt.
Am 26. März soll Waigel dem Parlament erklären, wie er die Fi-

nanzprobleme des Staates lösen will. Aber er ist nicht da, angeblich ist er im Wiesbadener Spielcasino.
3. April: Die erste Geldübergabe scheitert.
14. April: Die zweite Geldübergabe scheitert. Waigel und Rühe werden bei einem konspirativen Treffen in der Nähe von Rothenburg an der Wümme beobachtet, wo sie mit einem Zug Pioniere mehrere Flaschen Bommerlunder trinken.
25. April: Die Geldübergabe klappt, Reemtsma wird freigelassen.
Am 27. April lautet die Schlagzeile der »Hamburger Morgenpost«: »Die Spur führt nach Süden.«
Am selben Tag zeichnet Reemtsma ganz akkurat den Raum seiner Gefangenschaft. Alle Journalisten wissen: Volker Rühe wohnt im Süden Hamburgs, und alle Journalisten erkennen den von Reemtsma gezeichneten Raum wieder: Es ist Volker Rühes Partykeller.
Ende des Monats wird bekannt: Für den Kauf von fünftausend Exemplaren des Buches »Die deutsche Einheit« von Helmut Kohl hat das Bundespresseamt 13375 Mark ausgegeben, und über siebzigtausend Mark hat das Bundespresseamt aufgewendet, um Werke von Volker Rühe zu erstehen und gegebenenfalls an interessierte Bürger zu verteilen.
Ich glaube, die restlichen 29 916 625 Mark Lösegeld liegen bei Waigels unter der Matratze des Kinderbettes.

Heinz-Klaus Mertes, TV-Journalist, kriegt den diesjährigen Konrad-Adenauer-Preis für Publizistik wegen seiner jahrelangen Arbeit, die »mit den Werten der Bundesrepublik Deutschland im Einklang« steht. Wahrscheinlich besteht der Werte-Einklang darin, daß sich Heinz-Klaus Mertes sogar im Urlaub auf Gran Canaria intensiv um ein harmonisches Zusammenleben mit alten Nazis bemüht.

Das »Bild des Schurken Jürgen Möllemann« lasse sich nicht aufrecht erhalten, »weil es nicht stimmt«, sagt Jürgen Möllemann. Da hat er wohl recht: Niemand hat ihn je für einen Schurken gehalten, nur Frau Adam-Schwätzer outete ihn als intrigantes Schwein, alle anderen hielten und halten diesen genetischen Irrläufer aus alten Bonobo-Tagen, diese großmäulige Witzfigur, allenfalls für Jürgen Möllemann. Merkwürdigerweise gibt es immer noch Leute, die seine possierlichen Kunststücke beklatschen, vor allem in Nordrhein-Westfalen, aber was will man schon von Leuten erwarten, die Mitglieder der FDP sind.

Anläßlich seiner Wahl zum Landesvorsitzenden entwarf Möllemann ein kühnes Bild: »Wir sind alle Engel mit einem Flügel. Wir müssen einander unterhaken, damit wir fliegen können«, sagte er. Das stelle ich mir gerne vor: eine Reihe einflügeliger FDP-Mitglieder im Nachthemd, untergehakt. Mehr muß man über diesen Verein nicht wissen.

Auch eine recht skurrile Erscheinung: Franz Beckenbauer, die Lichtgestalt, der Marketing-Messias! Er allein bringt es fertig, daß morgens um zehn Uhr dreitausend Fans zum Training von Bayern München erscheinen – woher nehmen die die Zeit, sind das alles bayerische Arbeitslose? Beckenbauer bewirkt, daß das Ordnungspersonal verdoppelt werden muß, daß Pressekonferenzen in die Sporthalle verlegt werden und daß die Polizei rund ums Trainingsgelände verkehrsregelnde Maßnahmen veranstaltet. Beckenbauer, der Mythos von Giesings Höhen, hat angekündigt, geheimnisvolle mentale Blockaden niederzureißen. Bei wem? Die Spieler müßten den Kopf wieder frei kriegen, hieß es. Die Spieler? Den Kopf? Ihren eigenen? Frei? Wovon? Fragen über Fragen. Ich würde gern erfahren: Wer schreibt eigentlich die Franz-Beckenbauer-Kolumnen in der »Bild«-Zeitung? Er selbst? Nein, das glaube ich nicht. 1965 ist der Mann zwei Mal bei der Kaufmannsgehilfenprüfung durchgefallen. Zweimal! Die Akten lagern bei der Allianz in München! Bei der Kaufmannsgehilfenprüfung zweimal durchzufallen – das ist nicht leicht!

Die Karriere des letzten deutschen Kaisers endete beim Holzhacken in Holland.

Gestern abend geht mein privates Faxgerät los. Absender: »World Finance Bohemia« aus Plzeň in der Tschechischen Republik. Ich lese: »Sehr geehrte Damen und Herren, sollten Sie in der Erotikfilmbranche tätig sein, haben wir Ihnen heute ein lukratives Angebot zu unterbreiten. Wir können Ihnen hiermit eine Kooperation anbieten. Unsere Firma ist zwar hauptsächlich im Im- und Export, Kapitalanlagen und Finanzierungsgeschäft tätig, doch wenn man als Deutscher in der Tschechischen Republik eine Firma hat, bleiben andere Geschäftsangebote nicht aus. An uns haben sich zahlreiche Mädchen gewandt, die gern in Deutschland ein paar Mark dazuverdienen würden. Dabei wurde von den Mädchen mehrfach das Pornogeschäft angesprochen, da man hier mit Dolly Buster das beste Vorbild im Lande hat. Wir bieten Ihnen an: Mädchen für Ihre Filme. Die Tagesgage für ein Mädchen beträgt sechshundert Mark. Dafür arbeiten die Mädchen zehn Stunden. In diesem Preis ist ebenfalls die Fahrt der Mädchen von der Tschechischen Republik nach Deutschland eingeschlossen. Eventuelle Übernachtungen werden extra berechnet. Bitte teilen Sie uns mit, wann Sie wieviele Mädchen wo benötigen. Wir sichern Ihnen dann umgehend per Vertrag die Mädchen zu. Nicht unerwähnt soll bleiben, daß es sich um ausgesprochen hübsche Mädchen handelt. In der Hoffnung auf eine gute Zusammenarbeit verbleiben wir vorerst mit freundlichen Grüßen – René Müller, geschäftsführender Gesellschafter.«
Klar ist: Sechshundert Mark pro Tag für eine Tschechin sind zu teuer. In deutschen Pornos sollten auch nur deutsche Frauen beschäftigt werden, vorausgesetzt, sie sind dazu bereit, anständig dafür zu bezahlen.
Erster saftiger Krach mit Doris. Ich habe nicht verstanden, was sie an meiner Meinung auszusetzen hat.
Muß man ein Schnitzel Cordon Bleu wirklich mit Käse vollstopfen?

In der Ära Kohl hat sich die Summe der Privatvermögen verdoppelt auf etwa zweihundertfünfzig Milliarden Mark. Der Aktienwert deutscher Firmen ist um über hundert Prozent gewachsen. Die als geistig-moralische Wende angekündigte Umverteilungsaktion ist abgeschlossen, die Kassen sind voll.

Das nennt man Krise, und der ist nur beizukommen, wenn Vermögens- und Unternehmenssteuern abgeschafft werden. Außerdem müssen wir zur Entlastung der Rentenkassen die Arbeitsmarktsituation so gestalten, daß niemand mehr das Rentenalter erreicht.

Der »Spiegel« hat mich mit seiner Geschichte »Bonus für die Bosse« sehr erschreckt. Ich habe gar nicht gewußt, daß deutsche Manager im Vergleich zu ihren US-Kollegen so unterbezahlt sind. Mercedes-Chef Jürgen Schrempp zum Beispiel verdient nur 2,7 Millionen Mark im Jahr, also deutlich unterm Existenzminimum, fast schon jenseits der Armutsgrenze. Wenn Schrempp seine amerikanischen Managerkollegen besucht, dann weinen die vor lauter Mitleid.
Nach Afrika und in andere arme Regionen dieser Welt darf er nur in Kostüm und Maske einreisen, und wenn er sich von einer Sitzung zur Hotelbar bewegt, wirft man ihm eine Plastikplane über den Kopf, damit die Bevölkerung nicht durch den Anblick dieser Elendsgestalt in Unruhe versetzt wird. Jetzt überlegt die Caritas, ein Spendenkonto Schrempp einzurichten, und Peter Maffay plant am Titisee ein Benefizkonzert.

Die Schreckensnachricht der Woche: Der Brand auf dem Düsseldorfer Flughafen, der viele Tote gefordert hat. Jetzt verlangen die Grünen als Konsequenz ein PVC-Verbot am Bau. Der Genosse Matthiesen kontert sehr richtig, die Grünen würden diese Katastrophe »instrumentalisieren«. Natürlich sind nicht die PVC-Kabel für die Katastrophe verantwortlich, sondern menschliches Versagen. Matthiesen muß der Öffentlichkeit ja nicht auf die Nase binden, von wem er sich instrumentalisieren läßt.

Im Zusammenhang mit BSE konnte man lesen, es sei ein großes Umweltproblem, ein paar Millionen Rindskadaver zu beseitigen, weil es dafür einfach nicht genügend Hochleistungsöfen gäbe. Die Anzahl der zu tötenden Rindviehcher entspricht in etwa der Zahl der noch im Boden Kambodschas befindlichen Minen.
Da bietet sich ein Entsorgungs-Joint-venture an: Erst treibt man die englischen Herden durch die kambodschanischen Reisfelder und

bringt die Reste dann in einen von Matthiesen genehmigten deutschen PVC-Flughafen.

Die Ungereimtheiten beim Tod von Wolfgang Grams auf dem Bahnhof von Bad Kleinen im Juni 1993 sind nun endgültig geklärt, und zwar von den Richtern am Oberlandesgericht in Rostock. Nach deren Meinung habe Wolfgang Grams, gestellt und verfolgt von Beamten der GSG 9, die Ausweglosigkeit seiner Lage erkannt und sich »während des Sturzes auf die Gleise in suizidaler Absicht den Todesschuß beigebracht«. Aha, im Fallen also, mit seiner letzten Patrone, als »aufgesetzter Schuß«, wie die Gutachter festgestellt haben. Jetzt werden in der ehemaligen Ostzone schon persische Märchenerzähler als Richter beschäftigt.

Das Bundesverwaltungsgericht hat verkündet, die Kurden werden in der Türkei nicht als Gruppe verfolgt, auch wenn über tausenddreihundert ihrer Dörfer mittlerweile zerstört sind. Demnach haben Kurden aus dem Südosten der Türkei nicht generell Anspruch auf Asyl in Deutschland.
Ich und die deutschen Innenminister wiederum wollen unbedingt und sobald wie möglich die Kriegsflüchtlinge aus Bosnien wieder abschieben, obwohl denen, das weiß ich wohl, in ihrer Heimat keineswegs ein sicheres Überleben garantiert ist.
Ich werde den Vorschlag unterbreiten, die Bosniaken in die doch sowieso schon islamische Türkei abzuschieben und die Kurden ins ehemalige Jugoslawien, wo sie sich dann bei den Serben austoben dürfen.

Doris liest gern die neue Zeitschrift »Volksmusik/Krone«. Dort werden so wichtige Fragen beantwortet wie »Wer steckt hinter den Wildecker Herzbuben?«, und wir erfahren, daß Karl Moik für eine Veranstaltung des Musikantenstadl in Südafrika ein »schwarzes Maderl als Assistentin« sucht, während an anderer Stelle behauptet wird, »alle Welt kennt die Liebe von Carolin Reiber zu ihren auf tragische Weise umgekommenen Hunden«.
Ich lese zur Zeit am liebsten das Magazin für Männer: »Men's

Health« – eine Art »Brigitte« für Männer mit so unwahrscheinlich wichtigen Ratschlägen wie »Weg mit den Ohrenstäbchen, die nur das Schmalz in den Hörgang drücken und Sie unempfänglich für die Signale der Zeit machen«, oder an anderer Stelle: »Das endlose Vorspiel ..., so einen Stuß können sich nur Frauen ausdenken ... Quickies sind nicht unbedingt dasselbe wie gewöhnlicher Geschlechtsverkehr ..., es ist wie beim Essen. Manchmal will man einfach bei McDonald's vorbeifahren und sich einen doppelten Cheeseburger holen.«
Doris will wissen, wie die Hunde von Carolin Reiber ums Leben gekommen sind. Ich sage, wahrscheinlich so ähnlich wie Wolfgang Grams. Da hat sie mir den Quicky verweigert.

Im übrigen ist Frühling, und ich meine, dafür, daß der Wald schon so lange stirbt, sieht er eigentlich noch ganz gut aus.

Mai

Claudia Nolte ließ verlauten, sie wolle mal nach Frankfurt/Oder zum Straßenstrich an der deutsch-polnischen Grenze. Das, denke ich, können wir den polnischen Männern der guten Nachbarschaft wegen nicht zumuten, wir sollten der Ministerin schleunigst die Diäten erhöhen.

Die niederländische Königin Beatrix war in Aachen, wo sie den Karlspreis erhielt. Ich war nicht eingeladen, aber wie ich in den »Aachener Nachrichten« lesen konnte, strebte die Monarchin nach dem Pontifikalamt im Dom und einem Gespräch mit verschiedenen Politikern mit einer Hofdame der Toilette im Kellergeschoß zu, wo sie mehrere Minuten warten mußte, weil alle Toiletten besetzt waren. Das beobachtete der Aachener Bürgermeister Ulrich Daldrup, der ebenfalls warten mußte.
So fing das zwischen Doris und mir auch an.

Bayern will partout sein eigenes katholisches Landesgesetz zur Abtreibung. Aus Angst, die Mehrzahl der bayerischen Frauen werde sich bei Wahlen dafür rächen, plant der CSU-Vorstand nun, wie Stoiber mir vertraulich mitteilte, den bayerischen Frauen das Wahlrecht zu entziehen. Ein Sprecher des Kultusministeriums erklärte dazu: »Die Frau gehört nun mal in die Küche, in die Kirche und ins Kinderzimmer. Wir nennen das naturnahe Bodenhaltung.«
Ach, Hillu.

In Kiel wird alles ganz anders, denn da sind jetzt die Grünen (frech, fröhlich, feministisch) an der Regierung beteiligt: Die Ostsee-Autobahn, bislang von Heide Simonis allein geplant, wird nun von Frau Fröhlich mitgebaut. Zwei Grüne müssen mit Minister angeredet werden, die Grünen dürfen über die drei Atomkraftwerke des Landes mitbestimmen, außerdem haben sie eine Kommission für Härtefälle in Abschiebungsfragen durchgesetzt, und das ganze Land ist irrsinnig gespannt, wieviele Kilometer neue Radwege die Grünen für die Bevölkerung erkämpfen werden.
Also, das ist schon toll, wie weit es so eine basisdemokratisch-ökologisch-gewaltfreie Anti-Parteien-Partei bringen kann, wenn sie der Bevölkerung nur lange genug auf den Geist geht. Wenn ich kochen könnte, würde ich dieses ganze grüne Gemüse mit Ziegenkäse überbacken.

Zum Thema Ladenschluß sagt der Vorstandsvorsitzende des Kaufhauskonzerns Karstadt, Walter Deuss, sehr richtig: »Ich bin sicher, daß die Abgeordneten einen mutigen Schritt tun werden und die Öffnungszeit von 18 Uhr 30 auf 18 Uhr 35 verlängern.« Ausnahmsweise bin ich mal mit Rexrodt einer Meinung: Wir müssen endlich auch die Arbeitsbedingungen der Ladendiebe globalisieren.

Gottseidank, Doris ist recht zurückhaltend, was Auftritte bei Talkshows u. ä. angeht. Statt selbst in der Kiste aufzutreten, habe ich also für meine Verhältnisse relativ viel selbst ferngesehen. Es erscheinen dort ziemlich viele Leute, bei denen ich das Gefühl habe, die sind so blöde, die können sich nicht mal richtigrum aufs Klo

setzen. Wontorra zum Beispiel. Hinter dem Mann, der eine Sendung macht mit dem Titel »Erben gesucht« und eine andere namens »Bitte, melde dich«, ist der Staatsanwalt her wegen Steuerhinterziehung. »Ja«, sagt Wontorra, »ich habe zweihunderttausend Mark aus den Augen verloren.«
O.k., wenn das Karl Dall passiert, aber Wontorra?
Auch Thomas Koschwitz sollte sich bei der nächsten Schiffstaufe als Flasche zur Verfügung stellen. Am letzten Freitag eröffnete er sein »Jetzt sind Sie dran« mit der Behauptung, es handle sich dabei um die demokratischste Sendung im deutschen Fernsehen. Ich habe den Verdacht, der Mann hat recht.
In einer Demokratie finden auch die größten Idioten ihren Vertreter.

Rundfunk habe ich im vergangenen Monat einmal gehört, und zwar RTL, das frühere Radio Luxemburg. Als ein Ansager verkündete: »Sie hören RTL, den Sender mit den neuesten Oldies!«, habe ich wieder ausgeschaltet.

Bundeslandwirtschaftsminister Jochen Borchert ist im vergangenen Jahr zweimal mit der Bundesluftwaffe nach Spanien geflogen, um dort Böcke zu schießen. Das nehme ich ihm nicht übel angesichts der Verleumdungskampagne, der die Jäger hierzulande ständig ausgesetzt sind. Die »Deutsche Jagdzeitung« beklagt meines Erachtens zu recht, in grober Weise würden jagdrechtliche Einschränkungen vorgenommen, und man könne den Eindruck gewinnen, als ob die ehemalige SED-Diktatur durch eine Ökodiktatur ersetzt werden soll. Dabei ist das freie Jagen in Feld und Flur gerade für die Entwicklung junger Menschen von hohem Wert, wie ich bei gelegentlichen Jagdausflügen in der Heide feststellen konnte.

Ich meine, Jäger mit Freude am Beruf braucht unser Land, gerade auch in Anbetracht des unerlaubten Wildwechsels an unseren Grenzen: Dort sind zwischen 1993 und 1995 nach Angaben der Bundesregierung nur siebunddreißig Menschen zu Tode gekommen. Dreiundzwanzig Tote wurden auf dem Gebiet der Bundesrepublik, dreizehn auf polnischem und ein Toter auf tschechischem Gebiet aufgefunden. Diese Abschußquote bleibt sicher hinter den Erwartungen zurück, hier bietet sich für passionierte Jäger ein schönes Aufgabenfeld, das zudem den Vorteil hat, in der Öffentlichkeit nicht ständig erniedrigt und beleidigt zu werden.

Ein Politbarometer zeigte vor vierzehn Tagen an, bei jetzt stattfindenden Wahlen hätte Rot/Grün die Nase vorn. Gleichzeitig, in derselben Umfrage, billigte die Mehrheit der Befragten der CDU/CSU die größere Kompetenz in Wirtschaftsfragen zu. Das ist mir irgendwie unverständlich, aber die Ratte in einem Versuchslabor glaubt ja auch in erster Linie an die Tante mit dem Freßchen.

Waigel hat per Zeitung einen grotesk-provinziellen Brief an den singenden-springenden Fremdkörper Michael Jackson geschrieben: Du kommen und machen auf Bühne Show, du versteh? Und dann du ausfüllen Steuererklärung, o. k.? Ich frage mich: Warum schleimt Waigel sich nur bei Michael Jackson ein und warum nicht auch bei mir? Ich habe schließlich auch meine Fans.

Obwohl die CSU bestimmt lieber einen Apartheidpolitiker begrüßt hätte, kam Nelson Mandela auf Staatsbesuch. Die »Frankfurter Rundschau« kommentierte das mit der fett gedruckten Zeile: »Beim Staatsbesuch beeindruckte Nelson Mandela vor allem mit seinem Engagement für sein Land«. Ja, Neger, vor allem, wenn sie lange im Gefängnis gesessen haben, sind manchmal etwas eigenartig.

Die Holsteiner Autobahnschützen sitzen, der Hamburger-, Steakhouse- und die Aldi-Erpresser sitzen, einige der Reemtsma-Entführer sitzen, der Polizeistandort Deutschland erlebt seine Maienblüte. Auch rund um Gorleben.
Sicher ist es meine Aufgabe, die Bevölkerung vor Verstrahlung zu beschützen. Aber ich muß auch das Wohl der Atomindustrie mehren und schützen.
Nach reiflicher Überlegung bin ich zu dem Schluß gekommen, daß

es lukrativer und innovativer ist, die Verstrahlung vor der Bevölkerung zu beschützen.
Und da hat die Polizei ganz ausgezeichnete Arbeit geleistet: Seit ich in der Nachkriegszeit erleben mußte, wie hartherzige deutsche Bauern Hamsterer, die ein paar Kartoffeln erbetteln wollten, vom Hof gejagt haben, freue ich mich jedes Mal, wenn das Landvolk ordentlich eins auf die Glocke kriegt.
Und dann wollen wir mal festhalten: Die Umwelt wird natürlich in erster Linie von Abgasen zerstört, aber eben auch ganz entscheidend von der modernen Landwirtschaft.
Die Leute, die ich am wenigsten leiden kann: autofahrende Bauern.
Und gleich danach: studentisches Bedienungspersonal in Kneipen, Restaurants und Biergärten. Das kann nichts und ist meist muffig.

Es geht auf den Sommer, und schon meldet sich dieses bizarre CSU-Schrapnell Norbert Geis wieder zu Wort. Jetzt will er ein Ausgehverbot für Jugendliche, und zwar ab neun Uhr abends im Winter und ab zehn Uhr im Sommer.
Wieviel Peinlichkeit kann ein Politiker der Bevölkerung zumuten, bis diese sich beleidigt von ihm abwendet?

Selbst wenn man alle Kleinkinder und Bettlägerigen dazurechnet, ist von den knapp achtzig Millionen Deutschen nur jeder Zwölfte kriminell geworden. Nur noch 6668717 Straftaten stehen zu Buche, und das schrecklichste aller Verbrechen, der Autodiebstahl, ist sogar um 4,8 Prozent zurückgegangen. Die Gewaltkriminalität hat nur um schlappe 8,9 Prozent zugenommen, und für eine sonnige Zukunft ist auch gesorgt, denn die Zahl tatverdächtiger Kinder stieg lediglich um 18,6 Prozent.
In welche kriminalstatistische Abteilung fällt wohl die heimliche Bestattung eines Neufundländers im eigenen Garten?

Juni

Habe zwei Glückwunschtelegramme geschickt. Erstens ans Kyffhäuserdenkmal und zweitens an die Halberstädter Dosenwürstchen.
Beide werden in diesen Tagen hundert Jahre alt. Nationale Werte und Wirtschaftsprodukte von hoher Qualität – so sichern wir die Zukunft des Standortes Deutschland auch jenseits des Harzes.

Im Schwarzwälder Schloßhotel Bühlerhöhe, Luxusherberge der Extraklasse, Edelrestaurant, Einzelzimmer zwischen dreihundert und vierhundertfünfzig Mark, finden die Schlichtungsgespräche über den Tarifkonflikt im öffentlichen Dienst statt. Die Tarifpartner plaudern in angenehmem Ambiente über Lohnfortzahlung im Krankheitsfall, Lohnpromille und ein paar Mark mehr für die Kollegen im Osten. Daß man die Kollegen von der Gewerkschaft mittlerweile ohne weiteres in solche Etablissements reinläßt und sie auch mit aller gebotenen Höflichkeit bedient, daß andererseits die Gewerkschafter durchaus in der Lage sind, einem schwarzen Serviermädchen auch mal ein Trinkgeld in die Hand zu drücken – das sagt eigentlich alles aus über die soziale Gerechtigkeit am Standort Deutschland.

Das Fernsehmagazin »Panorama« zeigte in einem Beitrag, wie gewerkschaftlich organisierte Bauarbeiter unter Anleitung ihrer Funktionäre eine Menschenkette um eine Baustelle zogen, damit sich nur ja kein ausländischer Arbeiter der Polizeikontrolle entziehen könne. Ein Gewerkschafter rief durchs Megaphon: »Kollegen, ich bitte euch, schließt die Kette um die Baustelle, daß die Baustelle abgeriegelt ist!«
Menschenketten um Ausländer – Rasse schlägt Klasse. Täusche ich mich? Bei Menschenketten, Lichterketten und Bücherverbrennungen: Überall sieht man dieselben Gesichter.

Wir brauchen ein Arbeitgeberförderungsgesetz. Das wird mir von Tag zu Tag klarer. Nur Teile der Gewerkschaften haben das offensichtlich noch nicht kapiert. Denen werde ich demnächst mal ins Stammbuch schreiben: So lange ihr nicht mal in der Lage seid, eure Demonstrationen wenigstens von der Bierindustrie anständig sponsern zu lassen, kann ich euch als Gesprächspartner nicht ernst nehmen.

Finde auf der Leserbriefseite der »Frankfurter Rundschau« den Brief des Reichsverbandes der deutschen Industrie an Reichskanzler Brüning vom Mai 1931 abgedruckt. Der gefällt mir, das ist Wahlkampfmunition pur:
»Der Wirtschafts- und Finanzplan der Reichsregierung ging von der Feststellung aus, daß die Höhe der von Gehalt und Löhnen, von Steuern und Soziallasten bedingten Gestehungskosten einer Anpassung der deutschen Wirtschaftsverhältnisse an die Umwälzungen auf dem Weltmarkt und damit auch einer Gesundung der deutschen Wirtschaft hemmend im Wege steht. Die Senkung der Gestehungskosten ist bisher noch nicht in dem Ausmaß und in dem Tempo durchgeführt worden, wie es die Wirtschaftslage erfordert hätte. Diese Feststellung bezieht sich nicht nur auf das Ausmaß und die Höhe der bisher erfolgten Lohnsenkungen, sondern auch auf das große Gebiet der öffentlichen Finanzen einschließlich der öffentlichen Betriebe und auf das Gesamtgebiet der Sozialversicherung und der Arbeitslosenversicherung. Die gegenwärtige Wirtschaftslage verlangt mehr als je eine Auflockerung der bestehenden Erstarrung auf dem Gebiet von Lohn und Arbeitszeit, wenn es gelingen soll, in unserer Selbstkostengestaltung das Ziel zu erreichen, das der Reichsregierung vorgeschwebt hat. Wir halten die bisher durchgeführten Lohnsenkungen in ihren Auswirkungen noch nicht für zureichend. Die Selbstkosten müssen von der Lohnseite eine weitere Entlastung erfahren. Nur auf diesem Wege kann auf die Dauer eine Verringerung der Arbeitslosigkeit und eine Vermehrung der Arbeitsplätze erzielt werden.«
Wenn ich richtig informiert bin, stieg die Arbeitslosenquote zwischen 1931 und 1932 von fünfzehn auf über dreißig Prozent. Und am 30. Januar 1933 wurde Adolf Hitler Reichskanzler. Die Span-

nung, was bei der unternehmerfreundlichen Politik des Kanzlers 1998 hinten rauskommt, hält sich in Grenzen. Das deutsche Volk weiß das: ICH.

Juli

Das Thema des Sommers ist der Sex. Alle Medien sind voll von Sex. Der Spiegel hat fast ein ganzes Heft mit Sex vollgeschrieben, und sämtliche Seiten lassen sich in dem Satz zusammenfassen: Vögeln ist *out*, darüber reden ist *in*.

Ich mache mir große Sorgen. Grund dafür ist ein »Bild«-Zeitungs-Artikel, der eigentlich keinen Mann unberührt lassen kann: Eines Tages bemerkt Horst, ein Spediteur, geschwulstartige Verhärtungen an einem Teil seines Gliedes. Er geht zum Urologen, bekommt ein Pulver verschrieben. Doch das hilft nicht. Er bekommt zehn schmerzhafte Spritzen. Ergebnis: Der Penis verhärtet sich. Dauer-Erektion. Dazu bekommt der Penis einen Linksdrall. Die Liebe wird zur Qual. Die ständigen Erektionen schmerzen. Der Arzt rät zur Operation. Nach dem Eingriff: Der Penis ist fünf Zentimeter kürzer – ragt dafür jetzt aber nach rechts. Der Arzt soll dazu bemerkt haben: »Ein kurzer Dicker ist besser als ein langer Dünner.«
Horst ist verzweifelt. Er wird depressiv, schluckt schließlich Schlaftabletten, zieht sich eine Tüte über den Kopf und stirbt in der Badewanne.
Der Anwalt der Witwe fordert zwanzigtausend Mark, die Gegenanwälte bezeichnen die Klage als haltlos. Und am Ende kommt raus, und das ist natürlich auch ein Schock für Rosemarie, die Witwe von Horst: Das Glied ihres Mannes war zwar als Beweismittel konserviert worden, ist jetzt aber spurlos verschwunden.
Ich bin völlig fertig, habe den Besuch bei Doris in München abgesagt.
Sie nennt mich überspannt. Riesenkrach am Telefon.

Zu regieren gibt es im Moment wenig. Habe meine Sekretärin angewiesen, einen schönen Liebesbrief an Doris zu schreiben, um die Dinge wieder in Ordnung zu bringen. Frau Schatz hat zwar eine Scheibe, aber ihre Briefe haben Stil. Das hätte ich nie so hingekriegt. Sie schreibt:

»Verehrteste, Teuerste, Liebste, meine Doris!

Nein, wirklich, so habe ich das nicht gemeint! Als ich Dich neulich etwas bullerig ›mein Sommerloch‹ nannte, tat ich das in aller Unschuld. So eine mallorquinische Ballermannpointe abzuschießen ist natürlich ein schlimmer Fauxpas. Nun glaube ich allerdings auch, daß Du, eine perfekte Dame, einen Joke, wenn er denn nur dirty genug ist, durchaus zu schätzen weißt, und daher vermute ich, Dein Unmut basiert vielleicht weniger auf der kleinen Ferkelei als auf einem Mißverständnis. ›Sommerloch‹ – damit verbindest Du vielleicht träge Ereignislosigkeit, aufgeblasene Petitessen und obsolete Nebensachen.

Laß Dir sagen, Allerwerteste, Du irrst. ›Sommerloch‹ – das ist nicht, wenn unser Kanzler sich und die Enten am Wolfgangsee mit Semmelbröseln quält oder wenn das Ungeheuer von Loch Ness im Internet gesehen wird.

Gewiß gibt es Menschen, die unter ›Sommerloch‹ einen öden Hohlraum verstehen – aber das sind Leute, die auch in den anderen Jahreszeiten nicht wahrnehmen, was alles so passiert. Nein, Schönste, wenn ich Dich ekstatisch als ›mein Sommerloch‹ preise, dann meine ich damit ein Füllhorn voller Sensationen. Der Gedanke an die Furcht- wie auch die Fruchtbarkeit dieses Loches löst bei mir immer vehemente emotionale Explosionen aus:

Beginn des Ersten Weltkriegs, Abwurf der ersten Atombombe, Einmarsch der Truppen des Warschauer Pakts in die Tschechoslowakei, Nixon stürzt über Watergate, Woodstock und der Krieg ums Öl von Kuweit, die Geiselnahme von Gladbeck, Blitz und Donner weltweit – all das geschah in Sommerlöchern.

Nein, meine Empfindsame, sei nicht eingeschnappt, zieh keinen Stacheldraht um Dich, bau keine Mauer zwischen uns beiden, sonst wirkst Du uncharmant wie die DDR im Sommerloch 1961, und Du ruinierst Dir jegliche erotische Ausstrahlung!

Mein Faible für die Zeit zwischen Frühjahrsmüdigkeit und Winterschlaf, glaube das einem Mann, der den emanzipatorischen Bestrebungen der Frauen nur noch gelegentlich im privaten Bereich widersteht, gründet sich vor allem auf eine Reihe von Ereignissen, die die Menschheit tatsächlich vorangebracht haben:
Im Sommerloch 1910 war's, als auf der Zweiten Internationalen Konferenz sozialistischer Frauen in Kopenhagen beschlossen wurde, einen internationalen Frauentag zu begehen. Zehn Jahre später erhielten die Frauen in den USA das Wahlrecht, was aber von den im selben Monat abgehaltenen ersten deutschen Leichtathletikmeisterschaften für Frauen noch übertroffen wurde. 1973 erklärte man die pakistanischen Frauen für gleichberechtigt, jedenfalls nach der Verfassung, und 1982 wurde Swetlana Sawiskaja als zweite Frau in den Orbit geschossen. 1985 beschlossen die Vereinten Nationen ein Abkommen gegen die Diskriminierung der Frauen, und sechs Jahre später erteilte ihnen der US-Senat sogar die Erlaubnis, Kampfeinsätze zu fliegen.
Oh, Cara mia, ich bin verzweifelt, und wenn Du nicht einlenkst, werde ich im ewigen Sommerloch verschwinden und mich zwischen Elvis und Marilyn endlagern. Ach, ich bin so depressiv!
In meinen Träumen schmore ich auf jenem im Sommerloch 1890 eingeweihten Sitzmöbel namens Elektrischer Stuhl, und wenn ich mich im Spiegel sehe, breche ich in lautes Wehklagen darüber aus, daß die Antibabypille viel zu spät, nämlich erst im Sommerloch 1960, das Licht der Welt erblickt hat.
Überwinde Dich, Hochherzigste, eröffne uns einen Panama-Kanal oder wenigstens ein Brandenburger Tor! Wenn Du es wünschst, werde ich für Dich erneut den Postzug Glasgow-London überfallen und mit den 28,5 Millionen Mark Dein Haushaltsloch stopfen, nein bitte, mißversteh mich doch nicht schon wieder, selbstverständlich würde ich für Dich auch in der Hertiepassage Gurkenhobel verkaufen! Ich bin bereit, mit Dir eine Eidgenossenschaft zu gründen, wie Herr und Frau Schwyz das im Sommerloch 1291 taten, aber bitte, verhindere, daß die traditionell aus dem Sommerloch geborene Gewalt auch von mir Besitz ergreift. Verscheuche meine bösen Gedanken an die Plünderung Roms durch die Westgoten 410 und an Feuer

und Haß in Rostock-Lichtenhagen 1993, mach aus mir keinen Charly Manson und aus Dir keine Sharon Tate, sei wieder ›mein Sommerloch‹, mein Sommerloch, und laß uns Wärme speichern. Denn bald schon lauert auf uns wieder das kühle Herbstvakuum.
In Liebe – Dein Puper.«
Doris sagt mir am Telefon, sie hat noch nie einen so schönen Brief bekommen. Sie will ihn bei Gelegenheit in »Focus« oder noch besser in der »Frankfurter Allgemeinen« veröffentlichen.

August

Natürlich wie jedes Jahr wieder große Berichte über Leute, die am Beginn der Ferien ihre Haustiere auf Autobahnrastplätzen und an anderen ungeeigneten Orten aussetzen. Ich persönlich denke, daß sowas für die Viecher gar nicht so schlecht ist, endlich mal wieder Karnickel zu jagen oder Mäuse. Dann kann sich die Tierfutterindustrie intensiver auf den Markt der Obdachlosen, Siechen, Arbeitslosen, Sozialhilfeempfänger, Drogenabhängigen und häßlichen alten Leute konzentrieren. Habe mir eine Liste erstellen lassen und festgestellt, mit den Grundnahrungsmitteln aus der Tierfutterindustrie können diese Leute tafeln wie im Drei-Sterne-Restaurant, die Speisekarte enthält großartige Angebote: zum Frühstück das Müsli für die Mieze mit Himbeeren, Datteln und Feigen. Dazu eine milchzuckerreduzierte Milch und Lebertran, ein bißchen Knoblauchpulver und eine Vitaminpille. Feinschmecker lutschen abschließend ein paar Bonbons aus Bullenpenissen.
Zum zweiten Frühstück bereiten sich Kenner die Drei-Minuten-Vollkost für den Hund von Chappi: warmes Wasser drauf und fertig. Wer einen empfindlichen Magen hat, nimmt aber besser Pute und Reis Marke Sensitive Dog, oder die Light-Produkte, also Hot dogs und Schaschlik für das übergewichtige Tier. Knabberkräcker oder Käserollis runden diesen Imbiß ab.
Kinder in einem Arbeitslosen-Haushalt werden über das Mittagsmenu jubeln – Vorspeise: Paté mit Rindstückchen. Dann einige

Shrimps. Danach wahlweise Kaninchenragout oder Rotbarsch in Krabbenjelly. Wer dann immer noch nicht satt ist: In der Küche sind noch Lachs und Leber. Alte Menschen und Krankenhauspatienten bevorzugen Senior-Whiskas' mildes Weißfisch-Ragout, extra weich zubereitet, mit weniger Proteinen und speziellen Ballaststoffen. Als Getränk wird köstliches Mineralwasser serviert, mit Fleisch- oder Fischaroma, ganz wie's beliebt. Und zum Nachtisch pfeifen sich alle die leckeren Gimpet-Pralinés rein: Die enthalten einen knackigen Gourmetkern umhüllt mit herrlich zarten Milchcremeschmelz. Zwar muß es eigentlich »mit zartem« heißen, aber auf der Packung steht »zarten« – was soll's, das Kleingedruckte liest sowieso niemand.

Den Nachmittag versüßt Milki, die weiße Hundeschokolade.

Das Abendbrot besteht aus Geflügelfrikassee mit einem Sträußchen Petersilie, dazu – ein Katzentraum! – Joghurt-Tabletten mit Früchten. Anschließend tun alle was gegen den Mundgeruch mit der Zahncreme für Hunde.

Und schließlich wird im Nachtgebet all derer gedacht, die immer noch auf Pansen, Schlachtabfälle und Fischköpfe angewiesen sind.

Die nächsten Besucher, die im Gästehaus der niedersächsischen Landesregierung in Hannover absteigen, werde ich genau aus diesem Angebot verköstigen lassen.

Bin mit Doris eine Woche in Venedig gewesen. Es war schön, trotzdem halte ich eine kurze Prüfung in Kulturgeschichte aller Auswärtigen, die die Stadt betreten wollen, für notwendig. Die Japaner zum Beispiel, Mitsubishis kurzbeinige Pauschaltouristen, die zu Hause nach der Devise leben »immel albeiten ohne mullen und knullen, Albeit macht Fleude«, sollten schon nachweisen, daß sie den Unterschied zwischen Tintoretto und Vaporetto kennen. Ich bin wirklich kein Rassist – aber wenn ich sehe, wie diese asiatischen Horden durch die venezianische Taubenscheiße waten, dann wird Toleranz ganz schnell zu Dämlichkeit. Und wenn der erste Japaner eine Lizenz als Gondoliere erhält, greife ich zur Waffe.

Das andere Highlight der Ferienzeit sind die Olympischen Spiele in Atlanta. Wurde nicht eingeladen, bin aufs Fernsehen angewiesen.
Mir kommt das vor wie ein Kirchentag. Eine sportive Religion – das Stadion ist der Dom, die Gläubigen sitzen auf den Rängen oder am Fernsehschirm, der Papst heißt Samaranch und ist ein alter Faschist, als Kardinäle und Bischöfe ringen Funktionäre um ihre Daseinsberechtigung, Sportlerinnen und Sportler bilden den niederen Klerus, und das Erringen einer Goldmedaille führt zu sofortiger Verleihung eines Heiligenscheins.
Der Gottesdienst ging los, indem man der Gemeinde die Überbleibsel des ehemaligen Boxers Muhammad Ali vorführte, die lebende Reliquie eines zu seiner besten Zeit ziemlich unsympathischen Großmauls, das sich nun durch den Rest seines Lebens zittert. Ich frage mich: Muß man eigentlich die Parkinsonsche Krankheit haben, um die olympische Flamme entzünden zu dürfen?
Und war der Auftritt des Millionärs Ali nicht ein wenig peinlich, wenn man bedenkt, wie dreckig es unbemittelten Parkinsonkranken in den USA gehen kann, die sich nicht rechtzeitig die Birne haben weichklopfen lassen?
Aber die Amis lieben ja solche Auftritte, das sieht man immer bei der Oscar-Verleihung, wenn Hollywoods geriatrische Abteilung auf die Bühne tapert.
Aber was will man bei den nächsten olympischen Spielen in Sydney machen? So attraktive Krüppel wie Muhammad Ali haben die doch gar nicht in Australien!
Vielleicht findet man dafür einen echt blinden Ringrichter – Reader's Digest könnte ihn sponsern – Motto: Erst seit ich blind bin, weiß ich, was es heißt, wirklich glücklich zu sein.

Olympia unentwegt im Fernsehen. Kann mich nicht entziehen. Wurftaubenschießen, Kleinkaliberdreistellungskampf, Synchronschwimmen, da mag es ja Interessenten geben. Wenn ein hundertzehn Kilo schweres deutsches Judoka-Weib ein Hundertdreißig-Kilo-Chinesenmädel mit einer Beinsense auf die Matte fegt: Echte Patrioten spricht das an. Und wenn sich verwachsene

Zwerginnen am Stufenbarren das juvenile Schambein zertrümmern, das hat seinen Reiz, auch wenn ich es noch lieber sehen würde, wie Waldi Hartmann und Heribert Faßbender Hand in Hand kopfüber ins Klo springen.

Aber welchen Sinn es macht, eine schwere Eisenkugel von sich zu stoßen oder viereinhalb Zentner Gewichte hochzuwuchten, und auch den Wert des Dreisprungs, konnte ich nicht erkennen: Warum drei? Warum nicht Fünf- oder Eisprung?

Andere, telegenere Sportarten sind auf dem Vormarsch, hoffe ich: Himbeerwettpflücken, Tischfußball, Spucken (aus fünf Meter Entfernung durch einen Trauring in eine Flasche).

Wie hieß noch der Bronzemedaillengewinner im Rhönradfahren? Die letzten, die es gewußt haben, waren seine Angehörigen, die ihn zwei Tage nach Beendigung der Veranstaltung vom Flughafen abholten. Nun geht er wieder seinem schweren Beruf eines Einkaufswageneinsammlers im Supermarkt nach. Und trainiert und trainiert und trainiert und trainiert ... Wofür?

Nichtrauchen ist zur Zeit *in*. Irgend jemand hat über eine Million von der Firma Lucky Strike eingeklagt, weil die ihn nicht gewarnt hat, daß die Luckies süchtig machen.

Was, wenn ich Doris jeden Abend eine Flasche Johnny Walker hinstelle? Mir ist aufgefallen, da fehlt der deutlich lesbare Hinweis: Alkohol macht aggressiv! Wenn die Kleine mich eines Tages brutal zusammenschlägt, wird das für Johnny Walker sauteuer.

Ich könnte auch drei Monate durch die USA touren und mich nachweislich nur bei McDonald's ernähren. Wenn ich dann fünfundzwanzig Kilo mehr drauf habe, verklage ich die Firma auf mehrere Millionen Dollar, weil nicht auf jedem Burger steht: Unser Fraß macht fett.

Oskar Lafontaine ist total *out*. Bei seinem Besuch in Magdeburg stand auf den SPD-Plakaten: »Oskar Lafontaine ist heute von 15 Uhr 30 bis 16 Uhr 20 für alle Bürgerinnen und Bürger zu sprechen.« Es sollen sich tatsächlich alle, die ihn sprechen wollten, in diesen fünfzig Minuten eingefunden haben, und er soll sich für jeden ausgiebig Zeit genommen haben.

In ist Boris Jelzin, der Kanzlerfreund. Seit Jelzin die Endlösung der Tschetschenienfrage betreibt, haben einige Wörter der deutschen Sprache eine ganz neue Bedeutung, an die ich mich erst gewöhnen muß:
Attentat = spannendes Freizeitangebot.
Friedensgespräche = Angriffsbefehl zur Eroberung fremden Territoriums.
Feuerpause = Nachladen, Jungs.
Waffenstillstand = Signal zum Bombardement der Zivilbevölkerung.

Bin ganz gerührt von der gewaltigen Bettelaktion »Hassema 'n Abo« der »taz« (»Tageszeitung«). Das Blatt ist wirklich einmalig: Zweieinhalb Millionen Mark Verlust im Jahr und elf Millionen Mark Schulden insgesamt einzufahren, das schafft mit so einer tollen Zeitung wirklich nicht jeder. Wer, außer der »taz«, fragt die »taz«, berichtet schon über das Leben einer Waschfrau in Guatemala, und wer außer der »taz« publiziert schon eine Homo-»taz«?
Auf sowas kann ich persönlich natürlich gut verzichten, aber von der Notwendigkeit eines Abos überzeugt hat mich schließlich eine Ballettkritik:
»Angela Guerreiro sitzt im Schneidersitz auf dem Boden. Ein akustischer Schlag zwingt sie zu Boden, zurück zum Embryo, der sich langsam zu entfalten beginnt, Peng! Aus ihrer eigenen Hand kam der Kopfschuß. Sie zuckt wie ein erstochenes Tier.« Ein sich auf dem Boden entfaltender Embryo, der tierisch zuckt, weil er per Kopfschuß peng! erstochen wurde, das will erstmal getanzt sein!

Dies ist ein gewalttätiger Sommer. Die Gewalt der Volksmusik im Fernsehen, die Wortgewalt des Fußballspielers Mario Basler, die gewaltigen Kommentare des Nachrichtensprechers Peter Hahne in der »Bild am Sonntag«, wo er mit Nachdruck den Himmel auf Erden fordert, und die Gewalt als gesellschaftserhaltende Maßnahme.

In England fragt man sich, was mit den tiefgekühlten Mehrzellern passieren soll, den sogenannten Waisen-Embryos. Der Vatikan und seine Lebensschützerbrigade kreischen empört, weil die Engländer den Kühlschrank abschalten wollen. Aus dem Reagenzglasgewebe entstehen also keine leuchtenden Kinderaugen unterm Weihnachtsbaum, kein fröhliches Toben im Garten und keine putzigen Fruchtzwergenascher. Die Päderasten aller Länder, denen wir so viele widerwärtige Schlagzeilen in den letzten Wochen verdanken, stellen keine Ansprüche hinsichtlich der Kindwerdung des Tiefkühlgewebes. Noch nicht. Aber wenn sie sich outen, eine Organisation bilden, über die notwendigen finanziellen Mittel verfügen und somit Einfluß gewinnen, wird die Gen-Industrie schon wunschgemäß reagieren und die abartigen Herren versorgen.

Die Punks wollen, wie jedes Jahr, ganz spontan ihr traditionelles Gemeinschaftstrinken in Hannover veranstalten. Wir ziehen eine Streitmacht von sechstausend Polizisten gegen die Bunthaarigen zusammen. Bei einer internen Lagebesprechung erkläre ich: Aufgrund ihrer fehlenden Zukunftsperspektive, bedrückender Wohnverhältnisse, einer Gesellschaft, die auf Egoismus aufgebaut ist, und nicht zuletzt aufgrund ihrer diffusen Gewaltbereitschaft werden wir diesem Abschaum ordentlich die Fresse polieren.
Innenminister Glogowski meint, das sei schon in Ordnung, weil die Punks die »Provokation systemtreuer Bürger« beabsichtigen. Die Frage, was »systemtreue Bürger« seien, blieb zunächst ungeklärt, ich konnte dann auf der Landespressekonferenz darauf hinweisen, daß es sich in erster Linie um die Betreiber von Atomkraftwerken, Immobilienspekulanten und Bankdirektoren handelt.
Die Chaostage sind noch nicht ausgestanden. Es bietet sich eine menschliche Lösung für die Bedürfnisse der Punks an: Man kann ihnen Brandenburg und Mecklenburg-Vorpommern, ohnehin die alkoholisch leistungsstärksten Regionen unseres Staates, überlassen. Hier sollten wir sie dazu anhalten, einer gesellschaftlich wertvollen Arbeit nachzugehen, indem sie den einheimischen fremdenfeindlichen Schlägerbanden mit Nachdruck die Gewaltbereitschaft austreiben.

Dann könnten die Hannoveraner wieder friedlich die Campingplätze an der Ostsee nutzen, und die Polizisten hätten wieder mehr Zeit, ihr Gehalt aufzubessern, indem sie überprüfen, was bewußtlose Verkehrsunfall-Opfer so im Portemonnaie haben.

Deutsche Frauen drängen ins Militär. Warum auch nicht? Unterstützt werden sie vom Generalsekretär der FDP und von der Jungen Union, die eine Zulassung der Frauen zum Waffendienst in der Bundeswehr befürworten. Rupert Scholz, der frühere Verteidigungsminister, ist aber dagegen. Er sagt, die Frau im Panzer ist nicht möglich. Das ist natürlich Quatsch. Sicher ist sie möglich: Einstiegsluke auf, Frau rein, Einstiegsluke zu, Panzer marsch, Feuer. Ich kann mir vorstellen, daß das Gewehr der Bräutigam der Soldatin ist, und wenn die Damen in Reih und Glied zur Gefechtsausbildung ins Gelände ziehen, schmettern sie ein kerniges »Auf der Heide blüht ein kleines Blümelein, und das heißt Eberhard«.
Doris macht mich allerdings auf das Menstruationsproblem aufmerksam. Sie fragt, wie der Kampfauftrag erfüllt werden soll, wenn die halbe Truppe einmal im Monat mit Unterleibsbeschwerden im Lazarett liegt, mit der Wärmflasche auf dem Bauch, und krampflösende Pillen schluckt. Es kann ja auch nicht angehen, daß die Soldatin sich in der Hitze des Gefechts überlegen muß: Erst Handgranate werfen oder erst Tampon wechseln? Vielleicht kriege ich Junge Union und ihre FDP-Kompagnons dahin, sich ganz energisch für ein Verbot der Monatsblutungen einsetzen.

Die Junge Union will mir verbieten, den neuen Film von Tom Cruise anzusehen: Der ist ein Scientologe, und deren Werke und Taten soll ich boykottieren. Ich denke gar nicht daran. Mein orthopädischer Schuster ist bei den Zeugen Jehovas – soll ich mir die Einlagen jetzt etwa auch woanders besorgen? Darf ich nicht mehr im indischen Restaurant – Vorsicht, Hindus! – essen? Soll ich dem Sanyassin, der nebenan wohnt, den Morgengruß verweigern? Und all die Adventisten und Mormonen und Konfuzianer, soll ich sie in den finanziellen Ruin treiben, und muß ich dem Dalai Lama eins auf den Gong hauen, wenn ich ihn sehe?

Wenn ich nicht irre, geht's in unserer Gesellschaft doch ausschließlich um die wirtschaftsliberale Freiheit des Individuums, seine Ellenbogen einzusetzen, um bei maximaler Ausnutzung aller legalen Möglichkeiten so viel Geld einzusacken, wie irgend möglich, und die Konkurrenz auszuschalten. Deswegen warnt der Drogenbeauftragte der Alkoholindustrie vor den schlimmen Folgen des Haschischs, und deswegen ziehen die Sektenbeauftragten der beiden großen Staatskirchen gegen Scientology zu Felde. Jahrhundertelange Erfahrung in der Ausrottung Andersgläubiger, Kreuzzüge, Antisemitismus, Ketzerverfolgung, Hexenverbrennung und Segnung der Kriegswaffen geben den christlichen Kirchen das moralische Recht, ordentlich loszuledern, denn sie wissen am besten, wohin Glaubenswahn und die Ausbeutung religiöser Abhängigkeit für wirtschaftliche Zwecke führen.

Rexrodt liegt im Koma, der Wirtschaft scheint das gut zu bekommen.

Eine Umfrage in den USA hat ergeben: Die Slumbewohner wählen eher Clinton als seinen Konkurrenten Dole. Clinton setzt nun seine ganze Kraft ein, um möglichst viele Slumbewohner herzustellen. Er nennt das »die Befreiung der Armen aus der Abhängigkeit des Staates«. Der amerikanische Kongreß vertritt die Meinung, man müsse den Armen die Sozialhilfe streichen und sie dadurch zwingen, sich Arbeit zu suchen, dann würden die Frauen auch nicht mehr so viele Kinder in die Welt setzen. Immerhin will man den gänzlich Unbemittelten für eine Übergangszeit Gutscheine für ein paar Windeln überreichen. Das ist eine angemessene Geste, wenn man bedenkt, daß die Sozialhilfeausgaben im Etat der USA immerhin die Höhe von einem Prozent erreicht haben.
Was ich vorbildlich finde, ist, daß Florida und Kalifornien deutlich mehr Geld für den Strafvollzug als für das Bildungswesen ausgeben – das kommt vor allem den jungen Schwarzen zwischen zwanzig und neunundzwanzig Jahren zugute, von denen jeder dritte unbelastet vom täglichen Existenzkampf hinter staatlichen Mauern wohnen darf.

»Es ist doch völlig klar: Wenn ich genügend Arbeitskräfte abbaue, wenn ich sie durch Maschinen ersetze, die sind nicht krank, sie haben keinen Urlaub, sie werden nicht schwanger – dann erhöhe ich die Produktivität, dann erhöhe ich auch international damit meine Wettbewerbsfähigkeit.« – Hat Otto Graf Lambsdorff diesen Satz von mir, oder habe ich ihn von ihm übernommen?

Theo Waigel hat in seinem Amtseid geschworen, seine ganze Kraft dem Wohl des deutschen Volkes zu widmen, und weil er weiß, daß die Leute sich am wohlsten fühlen, wenn sie kraftvoll beschissen werden, widmet er seine ganze Kraft dem Beschiß. Offenbar ist immer genau das Gegenteil von dem richtig, was Theo Waigel sagt, da ist er absolut zuverlässig. Und wenn er sagt, »auf diese Weise werden klare, finanzpolitisch tragbare Anpassungen im voraus verläßlich festgesetzt«, dann wissen wir, der Theo meint das nicht so, er hat nur mal wieder einen seiner berühmten Scherze losgelassen.

Manchmal denke ich, Deutschland ist ein einziges großes Stadttheater, womit ich nichts gegen Hildesheim oder Blieskastel gesagt haben möchte. Die Stücke, die gegeben werden, behandeln folgende Themen: Korruption und Mißmanagement, Steuerhinterziehung und Mafia, Terrorismus und Fundamentalismus, Umweltkatastrophen plus Viren und Bakterien, Artensterben und Gentechnologie, Niedergang der Familie und Überbevölkerung, zahlreiche Kriege und Flugzeugabstürze, allgemeiner Werteverfall, Ufos, gedopte Sportler und Qualitätsverluste beim Sperma.
Überall Miesmacherei und schlechte Laune.
Was dagegen kaum zur Kenntnis genommen wird: unbeschränktes Autobahntempo und freie Arztwahl, Zivildienst und Hanfprodukte, Nachbarschaftshilfe und Gleichberechtigung am Arbeitsplatz, Kurzarbeit, Sparpakete und Kleinkredite, alternative Energiequellen und neue Ladenschlußzeiten, sexuelle Freizügigkeit und das Recht auf Alkohol vorm Frühstück, Rohkostmüsli und Subventionen für die Bauern, Möglichkeiten des Schwangerschaftsabbruchs, milder Strafvollzug, Religionsfreiheit, stabile Mark, preiswerte Nachttarife beim Telefon, Kunst am Bau und Zebrastreifen.

Und jetzt hat der Kollege Rühe auch noch festgestellt: »Deutschland hat eine eigene Verteidigungskultur.«
Einem Schröder kann man den Standort Deutschland nicht schlechtreden.

September

Herbst ist, wenn man morgens aufwacht und aussieht wie Klausjürgen Wussow. Wenn man daraufhin keinen Versuch mehr unternimmt, sich zu adonisieren. Herbst ist, wenn man am Frühstückstisch den Grad seines Verfalls zum beherrschenden Thema macht. Wenn man von der Politik als Lebensaufgabe spricht und Doris murmelt: »Tu mir das nicht an, du darfst nicht aufgeben.«
Ich bin nicht depressiv, überhaupt nicht, ich bin nur von morgens bis abends immer so niedergeschlagen. Fühle mich oft wie ein ausgedrückter Zigarrenstummel.

Ich möchte nicht nochmal jung sein. Wenn ich mir das Demokratieverständnis der niedersächsischen Jugendlichen ansehe, wird mir schlecht: Die Hälfte der Sechzehn- bis Siebzehnjährigen ging nicht zur Kommunalwahl. Und die andere Hälfte wählte nur zu fünfunddreißig Prozent die Partei, die ihnen das Wahlrecht zugebilligt hatte, die SPD. Ich habe mir viel Mühe gegeben, mich bei der Jugend zu profilieren:
Durch einen besonders rigiden Sparkurs im niedersächsischen Bildungswesen habe ich für die Jugendlichen Unterrichtsausfall und mehr Freizeit, also auch weniger Streß erkämpft – das sind doch Dinge, bei denen ich auf massiven Beifall hoffen durfte. Wie undankbar ist diese Jugend!
Aber was kann man schon von einer Generation erwarten, deren Idole »Die Doofen« heißen. Ach, was heißt hier »Generation?« Diesen Ehrentitel muß sich das juvenile Gesindel erstmal mit harter Arbeit erwerben.

Die Genossen/Innen in Schleswig-Holstein haben trotz meiner Erfahrungen beschlossen, eine Jugendquote einzuführen. Bei Kommunal- und Landtagswahlen müssen demnach künftig mindestens zehn Prozent der Kandidaten unter fünfunddreißig Jahren alt sein. Das wird die Zahl der Nichtwähler bei den über Fünfzigjährigen vermutlich dramatisch anschwellen lassen.

Ich bin der leitende Angestellte Niedersachsens und muß gestehen: Ich blicke nicht mehr durch. Laut Beschäftigungsförderungsgesetz soll ich jetzt hundertfünfzig Tage im Jahr mit achtzig Prozent meines Lohnes krankfeiern, wenn ich keinen Urlaub machen will, es sei denn, ich will drei Wochen zur Kur, dann werde ich mit sechs Tagen Urlaub bestraft, oder?
Wie aber wirkt sich das auf die Altersgrenze von Frauen aus? Bisher habe ich immer gedacht, die liegt so bei, na, sagen wir mal neunzehn – aber jetzt wird mir der Brillenzuschuß gestrichen, also kann es mir ganz egal sein, ob die Frau nun noch Zähne hat oder nicht, solange ihre Rentenkürzung nicht mit meinem Weihnachtsgeld subventioniert und rückwirkend gestrichen wird. Ich meine, wenn ich nun eine Berufsförderung zur Rehabilitation bei meiner AOK beantrage und die übernimmt einen Selbstkostenanteil meines Beitragssatzes, wie es ja im Beitragsentlastungsgesetz steht, wird das dann bezuschußt? Oder kriege ich eine Eingliederungshilfe? Oder eine Ausgleichszahlung? Oder was? Und wenn ich nun wider Erwarten meinen Job verliere und dem Arbeitsamt für die Vermittlung einer neuen Arbeit eine Gebühr bezahlen muß, wird dann meine Arbeitslosenversicherung per Freizeitzuschlag und Lohnausgleich tariflich abgestimmt, oder geschieht das antizyklisch, also mit den Kassenresten von der Kriegsopferversorgung? Ich weiß es nicht und verstehe es nicht. Insofern stellt sich die Frage: Warum sitze ich eigentlich in der Regierung?

Am sogenannten Weltkindertag war des Laberns kein Ende. In der ARD gab's einen Prominentenauftrieb unter dem Motto »Ein Herz für Kinder«. Es wurden ein paar Mark gespendet in einer Angelegenheit, für die der Bürger eigentlich Steuern zahlt, und »Ein Hirn

für Kinder« wurde nirgends gesichtet. Bei RTL traten die auf sexy herausgeputzten und auf Anmache dressierten Kinder auf, die irgendwelche Figuren der Schlagerindustrie imitieren.
Die Mini-Playback-Show des Herrn Thoma ist nichts anderes als ein Päderastenservice.

Der Kanzler war in Argentinien und machte bei der Eröffnung einer Mercedes-Benz-Fabrik den Grußaugust. Außerdem vereinbarten der Kanzler und Argentinien, gemeinsam die Drogenkriminalität zu bekämpfen.
Der erste vernichtende Schlag gegen die internationale Drogenmafia gelang dabei der Dresdener Polizei: Sie beschlagnahmte im Fraktionsbüro der dortigen Grünen drei Hanfpflanzen im Blumentopf. Nun schlottern Dealern und Junkies weltweit die morschen Knochen. Irgendwann wird es dem Kanzler auch gelingen, alle Karnikkelböcke aufs Zölibat zu verpflichten.

Die Ermittlungsbehörden in Lübeck ermitteln in dem Fall, den man den »Lübecker Brandanschlag« nennt, äußerst eigenwillig: Die Anschuldigungen gegen den mutmaßlichen Brandstifter Safwan Eid zerbröseln immer mehr, und andere, naheliegende Spuren werden ziemlich lasch verfolgt. Ich kann die Behörden irgendwie verstehen: Wahrscheinlich ist es für das Ansehen Deutschlands im Ausland im Endeffekt sinnvoller, gar keinen Täter zu präsentieren als einen Deutschen.

Und wieder mal ein »Tag der Heimat.« Während überall Diskussionen stattfinden über die These Daniel Goldhagens von der Schuld aller Deutschen, werden bei diesem altgermanischen Trachtenvoodoo markerschütternde Reden gehalten, und der Vertriebenenhäuptling aus Thüringen lamentiert, wir würden uns »mehr in Kniefällen und Schuldbezeugungen ergehen, als uns zu den deutschen Opfern zu bekennen«. Diese Gespensterveranstaltungen kann man wohl nur beenden, wenn man die Subventionen, die die Vertriebenenverbände kassieren, direkt nach Tschechien, Polen und Rußland überweist.

Die Oberdeppen Deutschlands sitzen ja wohl bei Stern TV, Spiegel TV, Vox, beim Schweizer Fernsehen DRS, beim Fernsehmagazin der Süddeutschen Zeitung und beim Westdeutschen Rundfunk. Sie alle ließen sich von dem sogenannten Fernsehfälscher Michael Born aufs Kreuz legen. Die schönsten und gelungensten Fälschungen Borns sind allerdings bislang noch gar nicht als solche erkannt worden: Umberto Bossi, der Anführer der Lega Nord, der in Norditalien die »Republik Padanien« gründen will, ist ebenso eine Erfindung Borns wie auch der legendäre Koffer mit dem Code für die russischen Atomraketen, den Boris Jelzin für die Zeit seiner Unpäßlichkeit dem deutschen Kanzler übergeben will. Dieser Koffer enthält aber in Wirklichkeit nur eine Diskette. Die wiederum gibt Aufschluß darüber, daß Klaus Kinkel eine Fälschung von Günther Jauch ist. Und den gibt's gar nicht wirklich – Jauch ist nur ein virtueller Angestellter, ein elektronischer Irrtum im Internet.

Habe gestern zum ersten Mal ein Programm des MDR, des Mitteldeutschen Rundfunks, gesehen. Dieser MDR erscheint mir irgendwie extraterrestrisch. Da treten Außerirdische auf, die aussehen, als seien sie aus einer Odenwälder Irrenanstalt ausgebrochen, in sonderbar gerüschten Trachten und altschlesischer Konfektion, und sie balzen ihre Lieder, nicht unähnlich unseren volkstümlichen, völkisch abdampfend, als seien sie ein tanzendes Bauernfrühstück, einfach unbeschreibliche Klänge von einem anderen Stern, als hätte man das Innere einer Thüringer Bratwurst in Töne umgesetzt, und angeblich stammen sie aus der Wernesgrüner Musikantenschänke, die muß irgendwo hinter dem Uranus liegen und aus einer Zeit herausgefallen sein, bevor der erste Amerikaner seine Füße aufs alte Europa setzte.
Der MDR ist eine öffentlich-rechtliche Anstalt, er gehört zur ARD, und er hat eine Gala gesendet. Die wurde von »Super Illu« und »Super TV« im Berliner Friedrichstadt-Palast veranstaltet. Dabei wurde an verdiente Künstler des Volkes die goldene Henne verliehen, also das, was die früher Broiler nannten, also so eine Art Ossi-Oscar oder Broiler-Emmy. Was dabei alles an Prominenz erschien, das können wir uns hier im Westen gar nicht vorstellen.

Und was machte Kurt Biedenkopf? Er ließ sich von »Super Illu«, übertragen vom MDR, für seine überragenden Verdienste eine goldene Henne überreichen. Dabei ist es noch gar nicht lange her, da wollte er die ARD am liebsten vom Hof jagen. Es gluckt zusammen, was zusammen gackert.

Oktober

Ganz wichtige Meldung in der »Bild«-Zeitung: »Schock für die Indianer – der erste Ami war ein Weißer: Vor rund neuntausenddreihundert Jahren stapft ein Mann durch den Sand des Wilden Westens. Da trifft ihn ein Pfeil. Der Mann verblutet. Experten: Der Mann war ein Weißer – und kein Indianer.«
Das kann ja sein. Nur – wer den Pfeil abgeschossen hat, das weiß selbst die »Bild«-Zeitung nicht. Weiße, die sich beschießen, benutzen eigentlich eher die Winchester.

Mit zehn Elefanten des Zirkus Krone wurde in Frankfurt am Main eine bundesweite Kampagne für den gefährdeten Waldelefanten gestartet. Frankfurts Oberbürgermeisterin Petra Roth sagte aus diesem Anlaß, für sie stehe diese Demonstration für Mut und Weisheit, denn ohne Elefanten gäbe es keinen Wald und ohne Wald keine Elefanten. Ich halte dagegen: Ohne Oberbürgermeisterin gäbe es keinen intellektuellen Stromausfall und ohne intellektuellen Stromausfall keine Oberbürgermeisterin.

Heute ist das legendäre »Bündnis für Arbeit« ein Jahr alt. Eine pompöse Totgeburt feiert Geburtstag. Schampus saufen, Kaviar fressen und aus veilchenblauer Seide maßgeschneiderte Kondome tragen – das allein reicht nicht: Richtig Spaß macht es erst, wenn man beim Blick aus dem Villenfenster sieht, wie gegenüber das nackte Elend vorüberkriecht.
Klar ist, wir haben in Deutschland ein Standortrisiko, und das heißt Theo. Theo, der Allgäuer Brunftbariton. Wenn Theo Fußballspieler

wäre, könnte er ablösefrei in die Bezirksliga wechseln. Aber Theo ist Finanzminister, obwohl es bei ihm vermutlich nicht mal zum Bademeister reicht. Theo, das ist der Terror des Mittelmaßes, die Tragödie eines Kleindarstellers, das Debakel der Talentlosigkeit. Jeder schämt sich dessen, was er nicht kann, nur Theo nicht.
Daß Theo von nichts eine Ahnung hat, weiß die Welt, und wenn seine Mitarbeiter ihn verladen wollen, und das wollen sie offenbar oft, redet er prompt Unsinn. Wenn man Theo Schaden zufügen will, muß man ihm nur Gelegenheit geben auszureden. Theo setzt seine ganze Kraft dafür ein, das Wachstum der Bedürftigkeit zu sichern. Dabei tritt er auf wie Eros Ramazotti, bleibt aber doch immer Amor Bommerlunder. Und Theo am Rednerpult ist nur vergleichbar einem Tierarzt: Jetzt kommt der Onkel mit der Spritze zum Einschläfern.
Wäre Theo als Sozi Geldbeschaffer, wäre er vielleicht akzeptabel. Für die Christsozialen, die bekanntlich besser mit Geld umgehen können, ist er einfach nur blamabel.

Werde als wirtschafts- und finanzpolitischer Vordenker folgende Vorschläge in unsere Gremien hineintragen:
Brillensteuer. Brillenträger sehen echt megascheiße aus.
Ferner: Steuer auf jede Auslandsreise.
Dann eine Stausteuer. Eine Stunde Staustehen kostet fünfzig Mark aufwärts, je nach Größe des Fahrzeugs.
Verzicht der betroffenen Eltern auf die zwanzig Mark Kindergeld. Bloß, weil so ein Pärchen einmal erfolgreich eingezipfelt hat, muß es ja nicht in Saus und Braus leben. Bin mir da mit Pfarrer Hintze völlig einig. Hintze wirkt auf mich zwar immer wie ein von der Kanzel gefallenes Nitratwürstchen, aber er sagt: »Vaters oder Mutters Arbeitsplatzsicherheit ist wichtiger als zwanzig Mark Kindergelderhöhung.« Also: Arbeiten ist wichtiger als befruchten.
Und: Saufen ist wichtiger als arbeiten. Britische Wissenschaftler haben herausgefunden, daß Säufer viel eher Arbeit finden als Abstinenzler, wenn sie wollen. Wer säuft, knüpft nützliche Kontakte am Tresen, kennt mehr Leute, ist selbstbewußter. Und wer nicht säuft und die Arbeit verliert, der ist plötzlich völlig isoliert. Daraus folgt:

Umwandlung aller Arbeitsämter in Kneipen. Einzige Aufgabe der Sozialarbeiter ist es, mit den Langzeitarbeitslosen auf Sauftour zu gehen.
Ich werde mich dafür einsetzen, das Kindergeld zu streichen und mit dem freiwerdenden Betrag Freibier für alle zu finanzieren.

Ein schöner Tag in Leipzig. Vor allem: Die Zoni-Männer und -Frauen der ersten Stunde sind nicht vergessen! Das Wichtigste bei den legendären Leipziger Montagsdemonstrationen war bekanntlich die Forderung nach exklusiven Hotelzimmern mit individuell steuerbarer Klimaanlage, nach drei ISDN-Telefonen pro Gast, einem fürstlichen Frühstück und Preisen nicht unter dreihundertzwanzig Mark, Suiten bis zweitausendeinhundert Mark. Ein pünktlich zum »Tag der Einheit« eröffnetes neues Nobelhotel in Leipzig bietet nun all dieses – ich bin begeistert. Besonders von einem geführten Stadtrundgang: »1989 – auf den Spuren der friedlichen Revolution«.
Wir spazierten unter anderem in die Nikolaikirche, wo man auch heute noch authentische Betende sehen, und ins Gebäude der Staatssicherheit, wo man echte Stasi-Fundstücke besichtigen kann. Der Gang aufs Sozialamt, zum Straßenstrich, wo unsere Euronegerinnen aus Polen ihren schweren Dienst am Kunden versehen, in unsanierte Altbauten oder an finstere Ecken, wo sich Arbeitslose betrinken, blieb aber dankenswerterweise ausgespart. Man will die Ossis ja nicht in die peinliche Situation bringen, sich anstarren lassen zu müssen.

Die Veranstalter der Münchner Tagung »Frauen als Wirtschaftsfaktor in Europa« luden den Kammersänger des Merkantilismus, Günter Rexrodt, ein, zu erzählen, was er alles nicht im Kopf hat. Prompt erklärte Rexrodt, eine Frau, die einen klassischen Frauenberuf wie Friseurin, Verkäuferin, Arzthelferin oder Bürokauffrau wähle, dürfe sich über mangelnde Aufstiegschancen nicht beklagen. Daraus schließe ich: Als Friseur, Verkäufer, Arzthelfer oder Bürokaufmann kann man richtig große Karriere machen.
Und Rexrodt, von dem ich immer denke, nun kann sein Intelligenz-

quotient nicht mehr weiter verkümmern, und wenn ich ihn wiedersehe, ist er doch wieder ein Stück zusammengeschrumpft, Rexrodt sagt weiter: Tele-Heimarbeit wird bald ein fester Teil des Arbeitsmarktes sein und den Frauen ermöglichen, Familie und Beruf ohne Schwierigkeiten miteinander zu vereinbaren.
Das gefällt mir: Mutti surft im Internet, anstatt den Kindern auf dem Spielplatz die Hundescheiße aus den Mundwinkeln zu wischen. Und wenn sie nur lange genug am Bildschirm sitzt, wird sie hoffentlich bald diesen nichtsnutzigen Komaspezialisten Rexrodt als Wirtschaftsminister ablösen.

»Bild am Sonntag« beschimpft das Spitzentrio der Spekulanten- und Immobiliendealerpartei FDP als »die Betrüger von Bonn«. Eine Umfrage meldet, vierundzwanzig Prozent der FDP-Anhänger, zu denen besonders viele Selbständige und gut Ausgebildete gehören, also die Fans der Lambsdorff-Kinkel-Gerhardt-Bande, haben zugegeben, schon mal einen Ladendiebstahl begangen zu haben. Das sind offenbar die ganz Blöden. Die übrigen sechsundsiebzig Prozent müssen sich mit solchen Petitessen nicht abgeben – die langen richtig hin und klauen in größerem Maßstab.

Gute Nachrichten aus Brüssel. Man hat sich nicht auf einen gemeinsamen europäischen Elektrostecker einigen können. Doris und ich werden also in Zukunft wenigstens noch beim Haarefönen merken, daß wir uns im Ausland befinden, und deswegen ist es auch sinnvoll, daß der Euro kommt: Dann kann man ganz ohne große Geldwechselaktion überall einen Adapter kaufen. Herr Bangemann war an dieser erfreulichen Entscheidung nicht beteiligt – er sagte, die Eurostecker seien ihm völlig gleichgültig, denn überall, wo es was zu stecken gäbe, da stecke er schon lange drin.

Peter Glotz, unser kategorischer Imperativ, steigt aus der Politik aus und tritt demnächst als Fernsehmoderator in der Sendung »Kreuzfeuer« auf. Ich weiß zwar nicht, in welchem Programm, aber ich find's gut: Der Mann hat über Jahrzehnte die Medienpolitik der SPD ruiniert, der wird auch diesen Sender schaffen, denn: Peter

Glotz schreckt vor gar nichts zurück. Seine Fernsehsendung wird er nicht allein moderieren, sondern zusammen mit Heinz-Klaus Mertes, jener Opus-Dei-Visage mit dem Bürstenhaarschnitt, dem Hofberichterstatter der Amigokratie. Ich bin gespannt, wann und bei welcher Gelegenheit Glotz den Mertes rechts überholt. Das macht so ein gestandener Altsozi gelegentlich ja mit links.

Der Waldschadensbericht der Bundesregierung klingt ernst, weil einundsechzig Prozent beschädigt sind, und Ökologen reden über die globale Waldzerstörung. Nun kommt Helmut Schmidt, der damals das Hamburger Hochwasser eigenhändig in die Nordsee zurückgedrängt hat, Helmut, der Wegbereiter Helmuts, der über alles redet und schreibt, was er besser weiß, Helmut der Weltwirtschaftsexperte, Weltrüstungsexperte, Weltsicherheits- und Ordnungsexperte, Weltforschungs- und Moralexperte, Welttransrapid- und Weltgenexperte, Weltgewerkschaftsexperte, Weltorgelexperte und auch Weltökologieexperte, und Helmut Schmidt verkündet: »Der Wald ist nicht gestorben. Im Gegenteil: Er ist vital. In Deutschland gibt es derzeit genausoviel Baumarten wie zur Zeit von Jesus Christus.« Da hat er wohl aus dem Fenster geguckt und gesehen, die Bäume sind wunderschön herbstlich verfärbt und auch Pflanzenfreundin Loki hat noch alle Nadeln auf dem Baum.
Wenn ich Helmut Schmidt das nächste Mal treffe, werde ich ihn bitten: Helmut, erzähl mir doch nochmal, wie es dir damals gelungen ist, Helmut zu verhindern.

Rechtschreibreform – der Versuch, Luther zu überwinden. Ich soll Seelefant demnächst also mit drei »e« schreiben und den Aal, der in dem flandrischen Küstenfluß Aa mit zwei »a« lebt, diesen Aaaal, sogar mit vier »a«. Dagegen legen die deutschen Dichter nach energischem Abwarten ein äußerst schwungvolles Veto ein, dem ich mich in entschiedener Zurückhaltung anschließen möchte, denn auch ich stimme mit mir darin überein, daß eine solche Reform in Frankreich oder in England viel sinnvoller wäre – schon allein deshalb, um der nachwachsenden Generation in Deutschland, die offenbar zu doof ist, um mit unserer eigenen gewachsenen Orthogra-

phie klarzukommen, aber Fremdsprachen büffeln muß, überflüssige Legasthenieanfälle zu ersparen.
Ich denke, wir sollten uns lieber um eine Reform der Inhalte kümmern. Ich bin zum Beispiel dafür, das gute alte deutsche Wort »Fräulein« wieder in seine Rechte einzusetzen – die Franzosen lassen sich schließlich ihre »Mademoiselle« und die Engländer ihre »Miss« auch nicht nehmen, und die vierzehnjährige Azubi im Wurstwarenhandel, Sabine, mit »Frau Wurstfachverkäuferin Hökkermann« anreden zu müssen, das bringt mich der Lösung der Frauenfrage auch keinen Schritt näher.

November

Hermann Löns behauptet: Nebel ist eingewickeltes Sonnenlicht.
Hermann Hesse sagt, seltsam, im Nebel zu wandern. Leben ist Einsamsein.
Alfred Lichtenstein meint, Nebel hat die Welt so weich zerstört.
Rilke erinnert sich an einen Tag, so sanft in Nebel eingeschlagen wie in feuchtes Seidenpapier.
Rose Ausländer hält Nebel für sichtbare Luft.
Ich bin der Meinung: Der Nebel sind immer die anderen.

Hätten Hannovers Grüne bei der letzten Oberbürgermeisterwahl nicht zur Wahl des SPD-Spitzenkandidaten aufgerufen, wäre heute eine CDU-Frau im Amt, so wie jetzt in Stuttgart Herr Schuster von der CDU. Nach dem Abgang von Manfred Rommel bot sich mit dem Wahlergebnis des Grünen Rezzo Schlauch die Chance für eine kommunalpolitische Wende – statt dessen führten sich die Stuttgarter Sozialdemokraten als zuverlässige Wahlhelfer der CDU auf und sorgten so für christdemokratische Kontinuität. Ich meine, es ist an der Zeit, daß sich der SPD-Landesverband Baden-Württemberg der Scientology anschließt – dann kann man diesen Haufen der Fürsorge des Verfassungsschutzes überlassen und im Notfall mit Berufsverbot belegen.

Mein guter Freund und Finanzminister Hinrich Swieter, der sich im Alkoholnebel Ostfrieslands gelegentlich gern seiner enormen Potenz und seiner furchteinflößenden Erektionen rühmt, ist leider von seinem Regierungsamt zurückgetreten, weil ihn zwei Frauen wegen sexueller Nötigung angezeigt haben. Das überrascht mich nicht. Ich finde aber diesen Rücktritt äußerst honorig, auch wenn ich ihn eigentlich nicht verstehe: Hinrich bestreitet die Vorwürfe energisch. Aber wenn nix dran ist an den Anzeigen, warum tritt er dann zurück?
Es ist mir gelungen, bei der Würdigung der Person Swieters vor der Landespressekonferenz echte Tränen in den Augen zu haben.

Nebel im Hirn mit Sichtweiten unter der Grasnarbe meldet Peter Boenisch. Entgegen meinem dringenden Ratschlag verfaßt er weiterhin seine »Bild«-Kommentare: »Es ist allerhöchste Zeit für den Umzug nach Berlin. Dort werden zwar auch keine Wunder geschehen, aber an der Spree weht wenigstens ein frischer Wind. Und unsere Politik braucht nichts dringenderes als frische Luft.«
Boenisch leidet unter nichts heftigeres als schlechte Grammatik, und was die frische Luft angeht: Soll er doch was gegen seine chronische Sprechblasenentzündung nehmen, dann läßt der Mundgeruch nach und die Ozonwerte verbessern sich auch schlagartig.

Notiere ein Stück niedersächsischen Aufschwungs: Die Industrie- und Handelskammer Hannover-Hildesheim liegt ganz vorn. Für die nächste Sitzung kündigt sie die Behandlung folgenden Themas an: »Die zunehmende Internationalisierung der Wirtschaft zwingt auch niedersächsische Unternehmen, verstärkt Ausschau nach kostengünstigen Fertigungsmöglichkeiten zu suchen. Eine sinnvolle und kostengünstige Alternative zur Verlagerung von Arbeitsplätzen in Billiglohnländer könnte die Beschäftigung von Behindertenwerkstätten in Deutschland sein.«
Überlegung: Kann man da die Lohnfortzahlung im Krankheitsfall ganz einsparen? Und muß man den Behinderten überhaupt etwas bezahlen?

Faustschläge sind irgendwie nicht mein Ding. Aber RTL verkauft das Boxen, als hätte es die Handschuhe auf der Documenta gekauft. Trotzdem hat das überall verbreitete Pressefoto vom kummervoll schluchzenden Gentleman Maske mein altes Vorurteil bestätigt: Bei uns früher, in der guten alten BRD, wäre so einer wie Maske höchstens Avon-Berater geworden. Dann hätten seine Gegner Doris oder Hillu geheißen.

Mein Freund, der Papst, ist ein ganz harter Typ. Jetzt hat der Vatikan seinen jährlichen Beitrag für das UN-Kinderhilfswerk Unicef aus Protest gegen die Befürwortung von Abtreibung und Verhütungsmitteln durch Unicef gestrichen. Der heilige Stuhl begründete die Streichung der Zahlung von gut dreitausend Mark damit, daß sich Unicef an einem Leitfaden beteiligt habe, in dem Frauen in sozialen Notlagen der Gebrauch von Mitteln zur Empfängnisverhütung nach erfolgtem Geschlechtsverkehr erklärt wird. Ist ja ein Haufen Holz, was der Papst da den lebenden Kindern vorenthält.
Aber wie man diesen enormen Betrag von dreitausend Mark durch etwa vierzig Millionen hungernde Kinder teilt, hätte der Kantinenchef des Vatikan sowieso nicht gewußt. Doris ißt übrigens genauso gern Sauerfleisch wie ich. Aber neuerdings überbackt sie die Bratkartoffeln mit Camembert.
Ja, der Nebel. Ich stochere weiter.
Goethe weiß: Das Maultier sucht im Nebel seinen Weg.
Wohingegen Max Dauthendey vermutet: Da draußen zieht weiß die Nebelkuh.

Dezember

Was Theo Waigel für die Steuer, ist Jörg Kachelmann fürs Wetter.
Jörg Kachelmann ist der, der unser Wetter persönlich veranlaßt. Meteorologie ist ja keine anerkannte Wissenschaft, die Wettervorhersage ist also eher in der Nähe von Horoskopen angesiedelt. Den-

noch gibt es in den verschiedenen Fernsehkanälen ein Reisewetter, ein Biowetter, ein Businesswetter, und ich bedaure eigentlich nur, daß es bislang trotz der Existenz eines eigenen Wetterkanals immer noch kein eigenes Frauenwetter gibt, oder Negerwetter, oder sogar ein extra-mildes Seniorenwetter, zumal man ja weiß, daß es Hunde- und Sauwetter schon lange gibt.
Wetter ist, wie alles andere auch, ein Event. Und wenn es kein Event ist, muß man ein Event daraus machen.
Kachelmann, offenbar ein Schweizer, vielleicht aus einer Kuckucksuhr entlaufen, ein Mann, der seine Gletscherzunge nur mühsam beherrscht und sich bewegt, als hätte er ständig ein Matterhorn im Hintern, schwingt seine Arme in wilden Spasmen, als säße er im Generalstab der schweizerischen Armee und würde den Feldzug gegen das Nordufer des Bodensees vorbereiten, und seine Wetterpoesie – aufgeblasener Lippenmüll, verbale Hochnebelfelder, die man in den Ländern der dritten Welt und des Ostens senden müßte, um potentielle Asylbewerber schon vor Ort abzuschrecken: »Das sind die Tiefsttemperaturen fünf Zentimeter über Boden im Osten Deutschlands.« Wen interessiert das, wer will das wissen? Aber Kachelmann quält immer weiter: »Übermorgen dann wieder überall das Gröbste durch, bitterkalt vor allem die Nächte, aber auch tagsüber.« – Na gut, wenn die Nächte auch tagsüber bitterkalt sind, kann man nix machen. Was hat nun Theo Waigel damit zu tun? Ich meine, es wäre eine gute Lösung, wenn Theo Waigel und Jörg Kachelmann ihre Jobs tauschen würden. Eine Wetterprognose von Waigel hat vermutlich dieselbe Qualität wie eine Steuerprognose von Kachelmann.

Täglich durchschaue ich ich das Fernsehen besser: Erfolg haben ist gleich Quote machen ist gleich Scheiße produzieren. Eine von schwulen Regionalfürsten dominierte Comedyhysterie wabert über das Land. Man muß es wirklich nicht mehr sehen, und das alles läuft unter dem Stichwort »postmodern« – das kann nix und das will nix, außer nach irgend etwas anderem stattfinden. »Postmodern« – was für eine Wortfindungsschwäche. Als wenn man vom Barock als der Post-Rennaissance sprechen würde.

Die Richtlinien der Fernsehprogramme bestimmt nicht mehr Lieschen Müller – die befindet sich seit Jahren im Dauerurlaub auf dem Traumschiff. Der neue Bestimmer heißt Erich Arsch, er ist der repräsentative Querschnitt. Auf ihn gründet sich die Fernseh-Basisdemokratie.
Die Unterhaltungsindustrie kann nur heilfroh sein, daß zur Zeit keine kunstsinnigen Fürsten oder gar die Medici an der Macht sind – der ganze TV-Verein, der sich so einzigartig toll findet, all diese aufgebrezelten Zeitgeistnutten, sie wären völlig zu Recht wegen permanenter Verstöße gegen die Menschenwürde in tiefen Verliesen angekettet.

Gewisses Problem: Schicke ich Hillu und den Ex-Töchtern eine Weihnachtskarte? Und wenn ja: Soll Doris die mitunterschreiben?

Zu Rita Süssmuth, unserer Harmoniegouvernante, der Spezialistin für präzise Reiseabrechnungen und Königin der Lüfte, fällt mir gar nichts mehr ein. Wenn ein Mensch, der nicht gerade als Vertreter für Ricola-Kräuterbonbons unterwegs ist, in knapp zwei Jahren zwölfmal in die Schweiz düst, ist die Frage, ob er das per Linie oder Luftwaffenjet, ob auf eigene Kosten oder bezahlt vom Steuerzahler tut, wirklich zweitrangig. Er muß allein auf Grund der Tatsache, daß es ihn geradezu manisch immer wieder zu den Eidgenossen zieht, auf seinen Geisteszustand untersucht und möglicherweise weggesperrt werden. Eine dort lebende Tochter ist keine plausible Erklärung, da müssen andere Dinge im Spiel sein, irgendwelche Spielchen, die man am besten in der Schweiz treiben kann.
Jagt Rita Süssmuth vielleicht dem in der Schweiz gebunkerten jüdischen Gold hinterher? Feststeht – das Erotischste, was die Schweiz zu bieten hat, sind die Gnome von Zürich, sind die Schweizer Bankiers. Aber ich kann mir irgendwie nicht vorstellen, daß einer von denen ausgerechnet Rita Süssmuth ein Nummernkonto bei sich eingerichtet hat.
Weihnachtswunsch: Rita Süssmuth soll zusammen mit Richard von Weizsäcker eine Neuauflage von »Grün ist die Heide« drehen.

Lese beim Frühstück gern die Gerichtsberichterstattung in der »Frankfurter Rundschau«. Heute besonders erheiternd: »Am Morgen des 7. August kam die Ehefrau vom Einkaufen nach Hause. Unter dem Vorwand, bei Montagearbeiten zu helfen, wurde sie in den Keller gelockt. Nach dem Hieb mit der Axt sägte der Ehemann der Frau den Kopf ab. Anschließend frühstückten sie.« Nun ja, das kann man machen. Aber ich meine, so weit muß man sich als Mann nicht hinreißen lassen. Andererseits darf sich eine Frau auch nicht alles gefallen lassen. Eine Frau ohne Kopf ist schließlich ein Krüppel zeitlebens. Aber einfach zusammen zu frühstücken und so zu tun, als sei nichts gewesen, das geht nicht. Man muß die Probleme des Zusammenlebens schon miteinander ausdiskutieren oder auch mal eine Beratungsstelle aufsuchen.
Ich sage zu Doris: Eine Frau, die mit ihrem Mann frühstücken will, ohne vorher den Kopf zu verlieren, muß sich von Montagearbeiten im Keller fernhalten.
Doris, ganz ernsthaft: Auf jeden Fall.
Ist das wirklich auf Dauer eine Partnerin für mich?

Frau Vera Lengsfeld und andere ehemalige DDR-Bürgerrechtler laufen dem Pfarrer Hintze zu. Von den Grünen zu den Schwarzen, vom Bündnis 90 in die CDU, die bekanntlich in der Tradition der großen Freiheitskämpfer Globke, Filbinger und Lummer steht – das ist plausibel: Frau Lengsfeld und ihre Bürgerrechtler haben einst die tropfenden VEB-Kerzen in die Fäuste genommen und der SED heimgeleuchtet, während sich die CDU durch jahrzehntelanges antikommunistisches Keulenschwingen als ultimative Bürgerrechtsbewegung etabliert hat. Nun also Frau Lengsfeld in einer ménage à trois mit Claudia Nolte und Angela Merkel, und vereint werden diese drei Grazien den Widerstand gegen den Sozialabbau organisieren.

23. Dezember. Immer, wenn ich Rudolf Scharping ohne Bart sehe, stelle ich fest: Nun hat er gar nichts mehr an sich. Heute hat er den Schwachsinn des Jahres von sich gegeben: »Laßt uns alle eine große Koalition der Vernunft schließen.« Machen wir. Wer mit wem?

Und wieso Vernunft? Darf Kinkel da mitmachen? Oder Berti Vogts? Oder Lotto-Lothar? Oder Dolly Buster?
Scharping muß lernen: Wenn Dummheit sich solidarisiert, wird sie nicht klüger. Im Gegenteil – sie potenziert sich.

Noch einundzwanzig Monate bis zur Kanzlerschaft

Januar

Sylvesternacht. Zeit, Bilanz zu ziehen. Das vergangene Jahr war ein ziemlich lahmarschiger Übergang vom vorletzten zum kommenden Jahr. In zehn Jahren wird kaum noch jemand wissen, daß das vergangene Jahr überhaupt stattgefunden hat. Es war ungefähr so überflüssig wie Kassel, das würde auch niemand wirklich vermissen, wenn es plötzlich verschwunden wäre.

Mit was für Banalitäten mußte ich mich rumschlagen: Bündnisgetöse, ähnlich einer Schulhofrangelei zwischen Firle und Fanz; ein Staatshaushalt, der einer von Motten zerfressenen Häkeldecke immer ähnlicher wird; der Mondscheintarif, die preiswertesten Telefonate mitten in der Nacht zwischen zwei und vier Uhr morgens – »Hallo, mein Lieber, ich wollte dir nur sagen, wir treffen uns erst um elf, du kannst also ausschlafen!« – und die Werbung für die Telekom-Aktie, bis die Leute glaubten, am Postschalter würde ihnen Manfred Krug persönlich die Marken anlecken, was wahrscheinlich in direktem Zusammenhang mit dem Rinderwahnsinn stand, der zu bemitleidenswert niedrigen Leberwurstumsätzen führte trotz eines Ladenschlußgesetzes auf Weltniveau. Dazu die Kochrezepte von Hannelore Kohl und Christiane Herzog und achthundert Millionen Mark, die mit einer Rakete namens Ariane durchgebrannt sind.
Aber wenn sich unsere Wirtschaftskrise in einem Sylvesterfeuerwerk für hundertfünfzig Millionen Mark manifestiert, kann's dem Volk so schlecht nicht gehen.

Habe mich kurz nach Mitternacht zurückgezogen und will eine Ansprache entwerfen, wie ich sie eines Tages in der Neujahrsnacht ans deutsche Volk richten werde.
Liebe Untertanen, vor uns liegt ein Jahr voll tiefer Höhepunkte.
Der Küchenschreck und Soßenschänder Dr. Alfred Biolek wird in der Talkshow von Arabella zugeben, daß er eigentlich Dr. Alfred Lek heißt und daß er das Bio in einem Preisausschreiben von Obi gewonnen hat.
Ich habe durchgesetzt, daß Jürgen Klinsmann anstelle des Papstes die Osteransprache vom Balkon des Petersdomes halten wird. Wenn Sie, liebe Untertanen, darin den deutschen Satz hören: »Ja gut, sicher, die Mannschaft, wo gewinnt, hat nicht verloren«, brechen Sie bitte in Jubel aus, und schwenken Sie Ihre Fähnchen.
Ich darf allen Küstenbewohnern versichern, die deutschen Werften sind eine florierende Industrie, sie müssen nur bereit sein, ihre Schiffe auch nach zwanzig Uhr zu verkaufen.
Ich kann Ihnen nicht versprechen, daß Lohn- und Einkommenssteuer zeitlich befristet sind und demnächst abgeschafft werden. Das sind Hirngespinste der FDP. Aber ich kann Sie, liebe Untertanen, auffordern, endlich die FDP abzuschaffen.
Zum Schluß zwei gute und eine sehr gute Nachricht:
VW und Opel haben sich vereinigt. Die neuen Spitzenmodelle heißen VW-Astra und Golmega. In Brüssel sind so gut wie alle Probleme ausgeräumt. Den EU-Beamten blieb deshalb nicht anderes mehr übrig, als die Bananentorte zur »harten Nuß des Jahres« zu wählen.
Und schließlich habe ich mich dazu entschlossen, in den deutschen Großstädten jegliche Hundehaltung total zu verbieten.

Die Neujahrsansprache des Kanzlers lieferte wieder den Beweis – auch der Kanzler schreibt seine Reden wirklich selbst, denn anders läßt sich deren Qualität nicht erklären. In drei wichtigen Sätzen lieferte er eine eindrucksvolle Standortbeschreibung:
1. Wir stehen an der Schwelle des neuen Jahres.
2. Wir stehen vor großen Herausforderungen.
3. Wir stehen an einer Weggabelung.

Da ist nun Raum für Interpretationen: Wo will er hin, wo stehen wir? Er an der Schwelle der Herausforderung, wir an der Weggabelung der Schwelle? Feststeht: Wir stehen. Ob an der Herausgabelung einer Wegforderung oder am Gabelweg einer Schwellung, das wird sich zeigen. In diesem Jahr wird uns der Kanzler noch einmal überstehen – und ich ihn.

Februar

Ich bin ein erklärter Karnevalsmuffel. Auf dem Gebiet muß ich noch an mir arbeiten. Aber ich bewundere den Kanzler, wie er, in der Bütt gestählt, für jeden irrationalen Schabernack zu haben ist, wie er begeistert mitzieht bei der Polonaise durch die Tiefebene der Spaßgesellschaft, wie er mit Jelzin übers Parkett fegt, daß dem Russen die Bypässe um die Ohren fliegen. Kraftvoll führt er die Schunkelkoalition, während Herr Schäuble eine Kanzlerpirouette dreht und der bedeutende Arbeiterführer Norbert Blüm, die lächerlichste Fehlkonstruktion, die je die Opelwerke verlassen hat, das Rentenalter auf achtundneunzig erhöhen will, weil er schließlich mitgeholfen hat, die deutschen Arbeiter von der drückenden Vermögenssteuer zu befreien.
Volker Rühe, ganz fesch in einem von Wigald Boning gestifteten Tarnanzug, fordert mehr Stimmungskanonen für die Bundeswehr. Denkt er dabei an Kinkel? Wer hat den eigentlich eingeladen? Der hat sich seine Qualifikation für ein Regierungsamt doch im Gard-Haarstudio erschlichen. Oder denkt er an Guido Westerwelle? Dem kotzt Joschka Fischer gerade am kalten Buffet eine rote Socke auf den Teller. Der abgespeckte Fischer sieht übrigens aus wie ein vom Kanzler persönlich gepacktes Sparpaket.
Beim Marschfox gerät die ganze Festgesellschaft in eine lustige Diskussion darüber, ob man nicht Eintritt nehmen könne, wenn das niedere Volk unbedingt den Wald betreten will, und Biedenkopf sagt, wenn ich mich in einen Rollstuhl setzen muß, um Kanzler zu werden, dann mache ich das.

Und dann ist wieder Polonaise angesagt, ganz ohne Polen natürlich, und die SPD hat sich hinten rangehängt, und Lafontaine fragt Scharping: »Machst du in Deutschland Urlaub?«, und der antwortet: »Nein, in der Lausitz.«
Ignatz Bubis hält seine fünfte Rede an diesem Abend, und er hat so enge Hosen an, daß man erkennen kann, welcher Religion er angehört. Pastor Fliege ist davon so betroffen, daß er das Wasser nicht halten kann und sich in seine eigenen Schuhe schifft. Daraufhin wird eine »Erfurter Erklärung« verbreitet, in der bewiesen wird, daß es früher in der DDR viel wärmer war, und eine »Berliner Erklärung«, in der steht, früher waren die Sommer im allgemeinen nicht so heiß, dafür aber auch die Frauen nicht so cool.
Später am Abend versammeln sich alle vor dem Fernsehapparat und gucken sich die nicht genehmigten Demonstrationen und die phantasievollen Straßenblockaden in Belgrad und Sofia an, und was in den Fernsehkommentaren »brutale Knüppelorgie« genannt wird, das heißt in Gorleben »Schlagstockeinsatz«. Dazu scheppert aus dem Radio Helge Schneider sein »Katzeklo, Katzeklo«, was den Kanzler so rührt, daß er den tschechischen Präsidenten in die Arme schließt, bis dessen noch verbliebener Lungenflügel aus den Augen austritt.
Es ist schon weit nach Mitternacht, als der Kanzler schließlich zehn Arbeitslose auf die Bühne zerrt und sie von dem Zauberer David Copperfield halbieren läßt, was die ganze Gesellschaft so besoffen macht, daß sie beschließt, nunmehr die Mauer wieder hochzuziehen.
Der Kredit von einer Milliarde, den Strauß seinerzeit vermittelt hat, hielt die DDR fast zwei Jahre lang am Leben. Jetzt zahlen wir das Hundertfache jedes Jahr, und das Pack kommt mit der Kohle immer noch nicht klar. Ja, der Spaß hat kein Ende, und das Trallala geht immer weiter.
Dieses Land ist wirklich keine ernsthafte Betrachtung wert.
Sollen doch die Türken damit machen, was sie wollen.

Guter (ministrabler?) Mann: Franz-Josef Kniola, Innenminister NRW. Führte zum Thema »Moderne Verwaltung im Dienst der Bürger« überzeugend aus, Zielvereinbarungen werden im Gegenstromverfahren ebenenspezifisch zum Beispiel auf Dienststellen-, Behörden-, Bezirks- und Landesebene getroffen, und sie orientieren sich an den auf der jeweiligen Ebene zu lösenden spezifischen Problemen. Widerspruch zwecklos.

Der Kanzler, auf die Arbeitslosenzahl angesprochen, hat ein anbetungswürdiges Metapherntor geschossen:
»4660000 – das ist die schwärzeste Zahl meiner Amtszeit.«
Der Kanzler hat recht: Schwarze Zahlen stehen auf der Haben-Seite, und beim Soll, auf Seiten der Defizite und Minusbilanzen, da stehen nach guter alter Banker-Lesart die roten Zahlen. Dieser Kanzler ist in der Tat ein grundehrlicher und anständiger Typ. 4660000 – das ist eine schwarze Zahl. Die Schwarzen haben sie produziert. Und des Kanzlers Superlativ »schwärzeste« zeigt, wie stolz er auf diese Zahl ist.

Entsorgung ist die Beseitigung von Sorgen in einem Entsorgungspark. Warum wollen die Bauern in Gorleben das nicht kapieren?
Ich treffe die Entsorgungsvorsorge. Dafür erbringe ich einen Entsorgungsvorsorgenachweis, indem ich mich rechtzeitig um eine Entsorgungsvorsorgenachweisbeglaubigung kümmere.
Ob und wann die Entsorgungserlaubnis erteilt wird, dafür übernimmt Frau Minister Merkel die Entsorgungsverantwortung. So einfach ist das.
Wenn ein mit Nuklearbrennstäben beladener Zug umkippt, dann fällt das wirklich nicht in meine Kompetenz. Diese Brennstäbe rollten von Lingen im Emsland durchs Saarland und Frankreich, weil sie ins englische Sellafield sollten. Sicher wäre es von Küste zu Küste, per Schiff, viel näher gewesen.
Warum man das nicht gemacht hat, keine Ahnung.
Aber ich weiß ja auch nicht, warum die Estonia wirklich untergegangen ist.
Vielleicht hätte es die wenigsten Probleme via Luftfracht gegeben. Aber über die Sicherheit im Luftverkehr unterhält man sich besser erstmal mit den Verwandten der Birgenair-Opfer.
Manchmal habe ich wirklich keine Lust mehr. Wahrscheinlich ist

dieses Volk erst zufrieden, wenn man das ganze Land sicherheitshalber auf Batteriebetrieb umstellt und ihm Fernsehgeräte zum Aufziehen kauft.

Was ist bloß mit Harald Juhnke los? Ein alter Hanswurst, der nix mehr verträgt, dann Scheiße labert, auch schon mal eine Frau ohrfeigt, und anschließend einen Niedlichkeitsbonus geltend macht. Juhnke weiß nicht, was er gesagt hat. Sein Anwalt weiß es auch nicht, aber er entschuldigt sich für das, was Juhnke nicht mehr weiß. Juhnkes Sohn weiß weder, was er unterschrieben, noch weiß er, was Vater Harald wirklich gesagt hat. »Bild« weiß mehr, aber niemand weiß, ob's stimmt. Die Leute von Premiere wissen nicht, wie das, was Juhnke, sein Anwalt und Sohn Oliver Juhnke nicht wissen, an die Presse gelangt ist. In Fernsehinterviews weiß keiner weiter. Der beleidigte Wachmann in dem Hotel in Los Angeles weiß nicht, was er davon halten soll. Kolleginnen und Kollegen wissen, Juhnke ist eigentlich prima. Juhnke weiß das, aber von dem, was er nicht mehr weiß, will er jetzt auch nichts mehr wissen. Er weiß nur, er ist weiß. Nun hat Harald sich für das, was er nicht mehr weiß, bei seinen Fans entschuldigt. Als ob das nötig gewesen wäre. Summa summarum können wir alle dem Harald Juhnke dankbar sein: Die öffentliche Reaktion auf sein besoffenes Geblubber hat deutlich gemacht – wir sind ein Volk von Antifaschisten und Antirassisten.

Peter Gauweiler ist für mich der Oberdepp des Monats. Daß der Vorsitzende der Münchner CSU politisch polymorph-pervers ist, weiß man. Aber daß er so weit geht, anläßlich der Ausstellung über die Verbrechen der deutschen Wehrmacht die Aktionseinheit mit Neonazis anzukurbeln, das hat eine neue Qualität.
Über Jan Philip Reemtsma, einen der Initiatoren dieser Ausstellung, sagte Obersturmführer Gauweiler, er solle seine Millionen nicht für die Verunglimpfung deutscher Soldaten ausgeben, sondern besser für eine Ausstellung über die Toten und Verletzten, die der Tabak angerichtet hat, den er verkauft hat. Was Reemtsma mit seinem Tabakgeld anfängt, ist wesentlich sinnvoller, als das, was die CSU mit den Tabaksteuern tut. Gauweiler muß bloß Waigel fragen.

Norman Foster, der Reichstagsarchitekt, verlangt vom neuen Bundesadler im Bundestagsplenarsaal in Berlin, er soll schlank und geschmeidig wirken, stark und athletisch, aufmerksam, wachsam, involviert und direkt, zeitlos, würdevoll und reif. Ich bin nicht sicher: Muß es denn unbedingt wieder ein Adler sein? So toll finde ich die mit ihm verbundene Tradition nicht, ein intelligenter Vogel ist der Adler nicht, Tierverhaltensforscher finden ihn eher unbedarft. Und Heinrich Heine hat ihn auch nicht gemocht.
Ein Schwein ist jedenfalls wesentlich intelligenter und nützlicher.
Oder ein guter deutscher Dackel. Oder eine dieser wunderschönen Leghornhennen aus freier Bodenhaltung. Oder ein Mäuschen in der Falle, noch am Käse nagend. Oder ein ausgestopfter Wellensittich namens Hansi. Auch ein an der Stirnseite des Bundestages angetackerter Ochse könnte mir gefallen.
Aber ein Adler?
Lieber würde ich selbst auf den vollzählig versammelten Bundestag herabsehen, hinter dem Präsidium mit drohendem Blick an der Wand klebend, am liebsten mit ausgebreiteten Armen, in der Pose des Erlösers, und so die ästhetischen Maßstäbe des Reichstagsarchitekten verwirklichend: schlank und geschmeidig, stark und athletisch, aufmerksam, wachsam, involviert und direkt, zeitlos, würdevoll und reif.

März

Wenn ich mir das Strafmaß von Peter Graf angucke und die Summe, die er hinterzogen hat, dann kann ich mir ausrechnen: Für achttausendachthundert Mark hinterzogene Steuern muß ich einen Tag in den Knast. Bei guter Führung halbiert sich natürlich die Strafe. Das heißt, mit einem Tag Knast habe ich siebzehntausendsechshundert Mark Steuerhinterziehung abgebüßt. Das ist doch ein guter Deal – am besten, man geht über die Weihnachtsfeiertage in den Bau, da ist es auch dort am gemütlichsten.

Erstaunlich, wie mich dieser Typ beschäftigt: Fieslinge wie Graf machen es dem Sozialstaat unmöglich, seinen Aufgaben nachzukommen. Wenn Graf & Co. ihre Verpflichtungen gegenüber der Gemeinschaft erfüllen und ihr Geld nicht halbseiden anlegen, heimlich verprassen oder ins Ausland transferieren, dann braucht es weder Sparmaßnahmen im Sozial- und Rentenbereich noch ständig neue Steuern, Zuschläge oder Abgaben, oder?

Alles Quatsch! Dieser Autohändler ist doch nur ein Kleingeldraffke. Da muß man ganz andere Betriebe zur Kasse bitten.

Wenn alle Leute wirklich brav die geforderten Steuern bezahlen, dann wird dieses Geld auch nicht für Rentenerhöhung, Arbeitslosenhilfe, Naturschutz und im Gesundheitswesen verwendet. Da fallen Leuten wie mir ganz andere Dinge ein, um das Geld auf den Kopf zu hauen: Etwas mehr Komfort in der Staatskanzlei, zehnspurige Autobahnen, schicke neue Kampfbomber und ein Diätentopf ohne Zugriffsbeschränkung, um nur einige Beispiele zu nennen.

Wenn die Bürger wirklich alle geforderten Steuern bezahlen, krachen ganze Volkswirtschaften zusammen, vor allem im Süden. Mittelstand und Unterschicht können gar nicht überleben, wenn's keine Schlupflöcher gibt.

Und wenn alle Produzenten sich strikt an die Steuerregeln halten, explodieren auch noch die Preise.

In Mecklenburg wechseln BSE-Rindviecher die Grenzen, als seien pakistanische Menschenschlepper an der polnischen Grenze unterwegs. Es muß was mit den Gewinnspannen zu tun haben. Möglicherweise sind sie bei Kühen sogar höher. Vielleicht teilt mir irgend jemand demnächst mit, daß in der ganzen Angelegenheit überhaupt keine Kuh namens Cindy im Spiel ist, sondern daß es sich um ein geklontes Schaf handelt, dessen ganze Verwandtschaft in der Knochenmühle zu Fischmehl geschreddert wird, mit dem die Hühner gefüttert werden, die in Niedersachsen die Schweinepest verursachen.

Interessant die neue Theorie zum Ableben des Uwe Barschel: Nun soll er ein Kontaktgift, einen ominösen Hautauflöser, an den Füßen gehabt haben. Wer hat ihm zuletzt die Schuhe geleckt? Das Netz um Justus Frantz und sein Schleswig-Holstein-Musikfestival zieht sich immer enger.

In Österreich ist Bundeskanzler Vranitzky zurückgetreten. Als Nachfolger bringt Wolfgang Schäuble folgende Politiker ins Gespräch:
Rudolf Seiters, der seit den Todesschüssen von Bad Kleinen als Mann mit Fingerspitzengefühl gilt und wegen seiner Herkunft aus Meppen auch in Wien ohne Schwierigkeiten über die Straße gehen könnte.
Kurt Biedenkopf, den sich Schäuble aber auch sehr gut als Nachtwächter im Prater-Riesenrad vorstellen kann.
Ferner Edmund Stoiber, weil die Ösis immer noch nach neuen Blondinenwitzen gieren.
Manfred Kanther, weil man ihm am ehesten zutrauen könne, lästige deutsche Urlauber abzuschrecken. Außerdem habe sich Kanther hervorragend qualifiziert durch seine Initiative, angebliche Krankmeldungen von Beamten in deren Zuhause zu überprüfen. (Ich persönlich weiß nicht, ob das sinnvoll ist. Ich glaube, nur, wenn ein Beamter freiwillig ins Büro kommt, muß man annehmen, daß er ernstlich krank ist.)
Außerdem bot Schäuble den Österreichern Waigel, Töpfer und Rühe im Dreierpack an, weil sie in ihren ursprünglich erlernten Berufen hierzulande nur noch schwer vermittelbar sind.
Norbert Blüm wurde von Wolfgang Schäuble nicht genannt. Hält er ihn nicht mal für tauglich, österreichischer Bundeskanzler zu werden? Ich meine, zum Anlecken der österreichischen Autobahnvignetten hätte man ihn allemal abstellen können.
Bundesgesundheitsminister Seehofer hat sich selbst um alle Chancen gebracht. Seine Warnung »Länger leben gefährdet ihre Pflegeversicherung« stieß auf scharfe Ablehnung bei der Tiroler Bergwacht.
Ich selbst stehe selbstverständlich nicht auf der Schäuble-Liste. Ich bin ja auch der einzige, den die CDU wirklich gebrauchen könnte.

Der ZDF-Nachrichtensprecher Peter Hahne verfaßt seit einiger Zeit als mißratene Reinkarnation des Pfarrers Sommerauer Kolumnen in der »Bild am Sonntag«. Nach dem Mord an der zehnjährigen Kim folgende: »So hat der Tod auch sein Gutes. Erst nach dem Mord hat man gemerkt, daß man sich gegenseitig braucht. Nächstenliebe und Nachbarschaft sind lebendige Werte.« In jeder zerstrittenen Hausgemeinschaft erstmal ein ermordetes Kind oder was?

Habe das Wort »Globalisierungsfalle« erfunden und dadurch einmal mehr klar gemacht, daß ich für Niedersachsen eine Nummer zu groß bin.

Wie Joschka Fischer mit seinen Grünen zur Arbeiterkundgebung rennt, um dort mannhaft für die Subventionen zu kämpfen, gegen deren Zweck man sonst polemisiert, das hat Stil und macht Lust, diese Herrschaften beim Regieren zu erleben.
Wie sich Stahl-, Bau- und Bergarbeiter die vielfältigen Methoden des Widerstandes und der Demonstrationen angeeignet haben, die einst von Studenten, Ostermarschierern, Umweltschützern, Friedensbewegung und AKW-Gegnern erfunden wurden – das verdient Respekt.
Die Besetzung der Bonner FDP-Zentrale war aber leider nur eine Verlegenheitslösung. Sowas hat keine Perspektive. Tja, in den guten alten Demo-Zeiten fehlte es immer wieder an kräftigen Fäusten. Heute fehlt's dafür an Gehirn.

Brigitte Baumeister, Schatzmeisterin der CDU, schrieb einen Brief an einen völlig unbescholtenen Bürger in 67227 Frankenthal, den der an mich weiterreichte:
»Um bei vielen Menschen Vertrauen für unsere Politik zu gewinnen und den Dialog mit dem Bürger zu führen, ist die CDU stärker als bisher auf private Spenden angewiesen. Öffentliche Mittel fließen spärlicher, und Spenden von Unternehmen werden steuerlich nicht mehr anerkannt. Statt dessen können Sie als privater Steuerzahler die Hälfte Ihrer Spende (bis zu einem bestimmten Höchstsatz) von Ihrer Steuer abziehen. Denn das gilt seit 1994: Ihr

Finanzamt erstattet Ihnen als Steuerzahler fünfzig Prozent Ihrer Spende – egal, wie hoch Ihr persönlicher Steuersatz ist. Ein Beispiel: Sie spenden der CDU hundertzwanzig Mark. Als Steuerzahler bekommen Sie am Jahresende sechzig Mark von Ihrem Finanzamt zurück. So kostet Sie Ihre Spende an die CDU tatsächlich nur die Hälfte. Als Dankeschön für Ihre Spende schicke ich Ihnen die Rede Helmut Kohls vom Parteitag der CDU in Hannover.«
Ich überlege, denselben Brief an meine Sympathiesanten zu verschicken. Über eine echte Kanzler-Rede werden die sich bestimmt freuen.

Laut CDU sollen sich nur noch Deutsche an noch nicht abgebaute Arbeitsplätze klammern dürfen. Das verschafft zwar niemandem einen Arbeitsplatz, fördert aber die Produktion von Sündenböcken. Dazu: Abschottungsstrategie hinsichtlich des Zuzugs von osteuropäischen Juden. Man hofft, daß nun nur noch deutsche Arbeitnehmer in minderqualifizierte Tätigkeiten drängen. Die Rübenernte im Spreewald scheint auf Jahre gesichert.
Muß überlegen, wie ich diese CDU-Taktik populistisch toppen kann.

Es pfeift ein bitterkalter Wind durch unser Land. Bundestagsabgeordnete müssen in Zukunft mindestens zwei Jahre als solche tätig gewesen sein, bevor sie vom Tage ihres Ausscheidens an bis zu ihrem Lebensende höchstens noch 8998 Mark Rente monatlich beziehen. Das ist hart, das geht an die Existenz. Gut, daß ich kein einfacher Abgeordneter bin.

Habe mir in einem Anfall von Lebensüberdruß mal wieder »Talk im Turm« reingezogen. Das Thema bei Erich Böhme lautete: starke Frauen. Und wer sitzt da? Hera Lind und Uschi Glas. Doris war begeistert.

April

In Deutschland gibt es einfach zu viele Leute, die das Wort »geil« für einen vollständigen Satz halten. Also lese ich Zeitungen. Und dann weiß ich, wo ich mich befinde.
»Neues Deutschland« zum Beispiel macht seinen Sportteil mit der Schlagzeile auf: »Frankfurts Frauen stehen mit einem Bein im Finale«. Natürlich handelt es sich nur um Frauen aus Frankfurt/Oder, aber alle Frauen? Auf einem Bein? Und warum im Finale? Warum nicht wenigstens in einem Swimmingpool?

Im sogenannten Fragebogen der »Woche« antwortet der Schlagersänger Heinz Rudolf Kunze auf die Frage »Was würden Sie zuerst durchsetzen, wenn Sie einen Tag lang Deutschland regieren könnten«: »Strafbarkeit von Selbstmitleid und Vergangenheitsbewältigungsbußrausch.« Ich gebe ihm recht, sowas muß wirklich bestraft werden, das kann man niemandem durchgehen lassen. »Vergangenheitsbewältigungsbußrausch«, unglaublich. Obwohl ich Vorgartenbelästigungskußbrauch genauso schlimm finde und Vergewaltigungsbestätigungsumtausch noch viel schlimmer.

Die »Frankfurter Allgemeine« nimmt jetzt schon wieder den 8. Mai aufs Korn. Dieser Tag der deutschen Kapitulation wird nun auch offizieller Gedenktag in Israel. Dazu schreibt ein Vollidiot in der FAZ: »Bedenklich stimmt, daß die Einführung des Gedenktages am 8. Mai den Anschein erwecken könnte, als habe Israel Anteil am Sieg über das Dritte Reich.« Wenn man, wie dieser FAZ-Tölpel, nicht weiß, daß in den Armeen der Anti-Hitler-Koalition etwa eineinhalb Millionen jüdische Soldaten gekämpft haben, davon die meisten in der Roten Armee, wo es auch eine hohe Zahl jüdischer Generäle gab, und daß im Zweiten Weltkrieg mehr jüdische Soldaten gefallen sind als in allen Kriegen Israels zusammen – wenn man das nicht weiß, ist das wohl das Bedenklichste an diesem Tag. Und der Herr Journalist benötigt dringend einen Vergangenheitsbewältigungsbußrauschfindungsintensivkursus.

Erfreulich die Bilder, die uns via Zeitung aus den USA erreichen. Präsident Clinton rückt mit dem Schrubber irgendwelchen Graffiti zu Leibe, und seine Vorgänger Bush und Carter sammeln Müll. Sie nennen das dreitägige Spektakel einen Präsidentengipfel für Amerikas Zukunft.
Die Herren wissen natürlich, daß die Zahl der in Armut lebenden Kinder in den USA seit 1979 um fünfzig Prozent gestiegen ist, daß sich die Selbstmordrate verdoppelt hat, daß achtzehn Prozent aller Vollzeitbeschäftigten ihre Familien trotz Job nicht ausreichend ernähren können und daß das alles nicht zuletzt das Ergebnis ihrer Politik ist.
Da weist so eine Straßenreinigungsinitiative den richtigen Weg und gibt ein Beispiel, wie auch wir unsere Zukunft in den Griff kriegen können:
Walter Scheel, Richard von Weizsäcker und Roman Herzog ziehen sich drei Tage lang die orangefarbenen türkischen Uniformen an und gestalten mit Müllsack und Papierpicker die Pennertreffpunkte unserer Sanierungsgebiete besenrein.

Erfolg des Tages: Ich und meine SPD haben im Bundesrat dafür gesorgt, daß den Asylbewerbern jede überflüssig erscheinende Hilfe gekürzt wird. Wir gehen davon aus, daß Nicht-Deutsche weniger Nahrung, Kleidung und Heizung benötigen als Deutsche. Wer aus dem Dschungel kommt, braucht schließlich keine Schuhe.

Bundespräsident Herzog hat eine Rede gehalten. Man wußte vorher, er würde eine unerhört wichtige Rede halten, die erste wirklich wichtige überhaupt, und deswegen sei es auch so wichtig, daß das ganze Volk aufmerksam zuhört bei dieser Wichtigkeit und begreift, daß im Vergleich zu dieser wichtigen Rede alle früheren wichtigen Reden total unwichtig gewesen sind.
Das Wichtigste, was der Bundespräsident gesagt hat, war der Satz: »Durch Deutschland muß ein Ruck gehen.«
Dem Volk war die Rede ziemlich gleichgültig, und die regierende Klasse ließ sich mit Demutsgebärde den Kopf waschen, gelobte Besserung, und alle wollen nun nur noch wagemutige und innovative

Deutsche sein, die den Herausforderungen der Zukunft furchtlos ins Auge blicken.
Alle freuen sich, daß Herzog die unangenehmen Themen, von denen keiner mehr was wissen will, aussparte: Das Ossi-Wessi-Problem, die Schere arm-reich, Müll jeder Art, Rassismus, Generationenkonflikt, Hans Meisers Eheprobleme, das hat er gottseidank alles beiseite gelassen zugunsten der Beschwörung deutscher Tugenden: Wir müssen uns aufraffen, wir müssen zu neuen Ufern streben, wir müssen vorangehen und erster sein, sagte er, und eigentlich müssen wir, wie immer schon, siegen. Und wenn wir das nicht mit aller Energie anstreben, haben wir ein mentales Problem.
Also alles Dinge, die ich aus vollem Herzen unterschreiben und bei Gelegenheit auch weitersagen will. Natürlich hat Roman Herzog recht, wenn er schimpft, daß die herrschende Klasse – er nennt sie liebevoll »Elite« – lautstark und mit Volldampf auf der Stelle tritt – er weiß es, es handelt sich schließlich um seine eigene Truppe. Und weil er über allen Parteien steht, ruft er auch nicht laut: »Leute, wählt Schröder, wir brauchen neue Leute, wenn wir die alte Politik fortsetzen wollen!«, sondern gibt nur diplomatisch zu verstehen, daß die Politiker gefälligst als Pointenkellner für die Wirtschaft zu funktionieren haben. Und die gelungensten PR-Gags für die Großindustrie liefert auch in Zukunft der Bundespräsident selbst.

Bereite für Klausurtagung der Jusos eine Grundsatzrede vor. Weiß ja, was die Kids hören wollen:
Liebe Genossinnen und Genossen, die moderne Gesellschaft muß zunächst einmal ehrlich sagen, was sie meint. Und deswegen muß eine Präambel ins Grundgesetz, in der steht: In dieser unserer Gesellschaft geht es allen gesellschaftlichen Kräften ausschließlich ums Geld. Es geht nicht um irgendeinen idealistisch verbrämten Überbau wie Kultur, Kirche, Olympia oder irgendwelche karitativen Netzwerke, sondern nur um Geld. Sinn und Ziel dieser unserer Gesellschaft ist die Bewahrung und Vermehrung des Geldes. Wir müssen in dieser Angelegenheit endlich mal die Wahrheit sagen, denn auch ein Schwein würde, könnte es reden, niemals behaupten, daß es kein schweinisches Leben führt.

Wir Deutsche stehen ganz prima da in der Welt, und das liegt einzig und allein an Derrick: Seit Derricks Erscheinen glaubt das Ausland, jeder Deutsche hat einen Harry.
Und deswegen sage ich hier und heute den deutschen Unternehmern und ihren politischen Anhängern: Gehn'se doch rüber. Gehn'se doch rüber in die USA. Aktionäre, Banker, Verbandschefs – alle rüber. Alle, die's aus der erstarrten und regulierten Enge in die globalisierte Freiheit zieht: rüber. Jeder, der hier den Sozialabbau befürwortet: rüber. Beweisen Sie durch einen ungeheuren Einwandererstrom, daß die These vom bewegungsunfähigen alten Europa völlig überholt ist. Schuften Sie sich drüben in vier Teilzeitjobs platt, um die Aktienkurse deutscher Tochterfirmen auf den Bahamas in die Höhe zu treiben. Los, gehen Sie rüber, und nehmen sie Herrn Rexrodt gleich mit.
Wenn ihr nun glaubt, Genossinnen und Genossen, daß unsere Unternehmer wirklich alle gehen würden wegen unserer hohen Lohnnebenkosten, dann irrt ihr: Ich glaube nicht, daß sie gehen. Nicht, solange sich hier bei uns noch was rausholen läßt. Die wurschteln hier so weiter wie bisher.
Und was sage ich nun den Sozialhilfeempfängern, denen, die Lohnverzicht leisten, denen, die keinen Ausbildungsplatz finden?
Nein, das Wort »Klassenkampf« nehme ich nicht in den Mund, damit gewinnt man keine demokratischen Wahlen, damit wird man nur ausgelacht.
Ich rufe ihnen vielmehr zu: Wir müssen unsere Gesellschaft wieder vermenschlichen, wir müssen uns auf unsere humanistischen Werte besinnen: Fürbitte und Almosen! Almosen und Fürbitte – das Recht, für diese Werte zu kämpfen, werden wir uns niemals entreißen lassen.
Ich bin die personifizierte große Koalition, Genossinnen und Genossen.
Ich danke euch für eure Aufmerksamkeit.
Und wenn es doch zu Rot-Grün kommt, halte ich eine andere Rede.

Doris Köpf will mich wahrscheinlich irgendwann heiraten. Weil ich im Aufsichtsrat von VW sitze, verkauft Doris ihren Renault 19 und wechselt automobilmäßig zu meiner Firma. Ich finde das richtig und wichtig. Diese Petitesse war der »Bild«-Zeitung einen ausgewachsenen Dreispalter wert – das hat Oskar Lafontaine nicht mal geschafft, als seine Gattin einen Sohn gebar, der schließlich auch mal einen Golf fahren wird.

Auch der Einsatz von Doris hat letztendlich dazu geführt, daß VW vierhundert neue Mitarbeiter eingestellt hat. Zwar befristet und für weniger Lohn als die Kollegen, aber immerhin: Vierhundert Menschen haben wieder Arbeit. Ende April war das die gute Nachricht auf allen Kanälen.
Ich werde in den Aufsichtsgremien der Sendeanstalten anregen, daß Ulrich Wickert ab sofort in der Zwanzig-Uhr-Tagesschau die Namen all derjenigen vorliest, die im Laufe eines Tages in Deutschland eine Festanstellung gefunden haben.

Mai

Einige wenige Tage Urlaub am Bodensee, dort, wo die Lebensgrenzen zwischen Heckenschneiden und Geldsparen abgesteckt sind, ganz nah auch jener Grenze zur Schweiz, wo einem als Wechselgeld beim Einkauf auch schon mal goldene Backenzähne angeboten werden.
Der Bodensee ist eine Gegend, von der der Maler Otto Dix gesagt hat, sie sei »zum Kotzen schön«. Hier in der Idylle schrumpfen alle Probleme, hier schreibt man so schön wie Martin Walser, aber leider denkt man auch so, und sonnabends mittags ist es Sitte, gründlich den Mülleimer zu shampoonieren, weil nachmittags die Nachbarn kommen und nachsehen, ob er auch ordentlich duftet.
Hier herrschen die deutsche Putzigkeit und das alemannische Fachwerk: Balkenenden ragen stumpf unter Schwellen und Dielen hervor, verzierte Konsolen stützen ab, Streben, schlank und geschwungen, sorgen für die Statik. Hier stellt sich auch die Frage: Was ist ein

»halber Mann«? Ich weiß es: Ein »halber Mann« ist beim alemannischen Fachwerk ein stabiler Ständer mit geschwungenen Streben. Und das »schwäbische Weible« ist ein doppeltes T-Stück.

Noch immer im schönen Urlaub. Der Bodensee selbst besteht aus Wasser. Das heißt, so ganz sicher kann man da nicht sein. Die EU-Kommission in Brüssel hat einen Bericht mit den Reinheitswerten deutscher Gewässer herausgegeben, und da gab es für dreizehn Badestellen am Bodensee die Anfrage, woraus die eingereichte Flüssigkeit bestehe.

Baden-Württemberg ist das Stammland der FDP, und das erklärt manches. Unglaublich, was da beim Thema Autobahngebühren los ist! Alle paar Wochen ändert sich die Beschlußlage. Erst wird kraftvoll zur Offensive geblasen, dann vehement zum Rückzug, und dann volles Rohr zum Rückzug vom Rückzug. Das Meinungsbild ist hochkompliziert. Erwin Teufel will die Vignette. Stoiber will sie auch, aber nicht so sehr, sondern nur soweit, wie es Waigel nicht über Gebühr verärgert. Genauso wenig wie Waigel hält Wissmann von der Vignette, was die Abgeordneten aus Baden-Württemberg in einen Zwiespalt stürzt. Verkehrsminister Schaufler will einen Aufschlag auf die Spritsteuer, er könnte sich aber ersatzweise mit der Vignette anfreunden, wenn er davon mehr Straßen bauen darf. Justizminister und Wirtschaftsstaatssekretär sind der Vignette zugeneigt und haben im Kabinett dafür gestimmt. Aber sie sind offiziell dagegen, weil ihr Parteichef Döring dagegen ist. Und der ist in der FDP und weiß nicht, nach welcher Seite er umfallen soll.

Erfahre aus dem »Südkurier«: Filbinger lebt auch noch. Der mittlerweile Dreiundachtzigjährige hat die Leitung des Studienzentrums Weikersheim an den Bundestagsabgeordneten Wolfgang von Stetten abgegeben. Dieser Baron ist Land- und Volkswirt, Jurist, Stückeschreiber, Oberleutnant der Reserve, Altenheimbesitzer, Vater von drei Kindern, Putenzüchter und so reaktionär, daß Gauweiler neben ihm erscheint wie ein linker Humanist. Bei der Amtsübergabe in dem konservativen Club dankte Ministerpräsident

Teufel seinem Vorgänger Filbinger für die »Fundierung unserer freiheitlich-demokratischen Gesellschaft«.
Einen gewissen Sinn für schwarzen Humor kann man dem baden-württembergischen Ministerpräsidenten nicht absprechen, aber das findet man ja oft bei Menschen mit defizitärem Intellekt.

Gottseidank spielt die Kultur eine wichtige Rolle zwischen Schwarzwald und Schaffhausen. Nächstes Jahr wird in Baden-Baden das neue Opernhaus eröffnet. Zweitausendfünfhundert Plätze für hundertzwanzig Millionen Mark in einer Stadt mit fünfzigtausend Einwohnern! Der Stehplatz wird dreißig Mark, Spitzenplätze werden sechshundert Mark kosten – dafür kann ich in Bayreuth oder Salzburg zweimal gehen. Es ist tröstlich, daß in Zeiten, in denen Orchester ums Überleben kämpfen und Stadttheater am Etatknebel ersticken, sich unsere süddeutschen Landsleute ihren Sinn für Obszönitäten bewahrt haben.

Fit for Standort? Am Bodensee habe ich gespürt, was es heißt, allmählich kribbelig zu werden. Nervöses Zucken in allen möglichen Körperteilen. Panische Fluchtreflexe. Doris fordert meinen enthusiastischen Beifall ein beim Anblick jeder, aber auch wirklich jeder Wiese mit Löwenzahn und Gänseblümchen drauf. Seit diesen Tagen weiß ich, welch hundsgemeine Freude man dabei empfindet, wie erlösend es wirkt, sich nachts aus dem Hotel zu schleichen und über die Hecke des gegenüberliegenden pietistischen Pfarrhauses ein benutztes Papiertaschentuch in den ondulierten Vorgarten zu schleudern.

Seit dem Schachsieg von Deep Blue über Herrn Kasparow weiß ich: Maschinen machen keine Fehler. Doris und ich (inkognito!) wollen Pfingstsonntag am Automaten im Bahnhof von Freiburg ein Ticket nach Lörrach lösen. Der Automat schluckt den Fahrpreis und spuckt dafür einen Fahrschein ohne Angabe des Zielortes aus, aber mit einem Fahrpreis von 0.00 Mark und dem deutlichen Gültigkeitsdatum 31. 12. 69. Nach einigem Hin und Her am Schalter bekomme ich für mein Ticket zwar keine Fahrt nach Lörrach, dafür aber eine

Anzeige wegen »Totalfälschung eines Fahrtausweises«, denn, so erkennt die Freiburger Bahnpolizei, der Fehler könne nicht am Automaten gelegen haben, also müsse es sich um eine Fälschung handeln. Das wäre an sich nicht der Rede wert, wenn ich nicht wüßte, daß alle Automaten demnächst auf unsere Kosten auf Euro umgerüstet werden müssen. Da ist dann wirklich Schlimmes zu erwarten, und möglicherweise stehe ich eines Tages am Zigarettenautomaten, will mir eine Dose Bier ziehen, herauskommt ein kleiner Polizist, der in einem olivgrünen Kondom mit dem Haltbarkeitsdatum meines Geburtstages hockt und behauptet, er sei ein gefälschtes Bifi und wolle mit der russischen Mir zur Expo 2000 nach Hannover fahren.

Lothar Matthäus hat sein »Geheimes Tagebuch« der »Bild«-Zeitung zur Veröffentlichung überlassen. Geheimnisse machen ja auch nur Spaß, wenn alle daran teilhaben. Großartiger PR-Effekt. Werde mir auch einen Verlag suchen.

Überall in Europa siegen die sogenannten Sozialisten: Jospin in Frankreich, Tony Blair in England. Trotzdem: Marx ist überholt. Frage: Von wem? Vielleicht von mir. Muß mir da Klarheit verschaffen lassen.
Doris hat ein Schweizer Käsefondue aufgetischt. Ich hasse es, mit anderen Leuten aus einem Topf zu essen.

Der Stammtisch ist eigentlich der einzige Ort, wo ich mich noch einigermaßen geborgen fühle. In gediegener Atmosphäre die Welt ordnen. Keine Zweifel an der eigenen Überlegenheit. Sich langsam ans Ego ransaufen. Witze machen.
Soziologisch betrachtet ist der Stammtisch genau dasselbe wie der Kaffeeklatsch nachmittags im Tortenmilieu. Und die nächtliche Kneipenszene im Univiertel ist auch nix anderes. Alles Stimmvieh. Am Stammtisch wird Klartext geredet. Deutsch. Allgemein verständlich. Das ist unsere Kultur. Hier pflegt der Deutsche das offene gesellschaftliche und politische Gespräch, frei von den Zwängen politischer Korrektheit, frei von internationaler Beobachtung.

Deswegen senken wir Stammtischbrüder auch immer die Stimme und sprechen leise, wenn ein Fremder reinkommt. Stammtisch, das ist ungefähr so wie Badezimmer. Da lasse ich auch niemanden zugucken, wenn ich mich im Schritt wasche. Stammtisch, das ist mentale Hygiene. Nur am Stammtisch kann ich wirklich frei sagen, was ich von Juden, Negern und Frauen halte.
Der Stammtisch ist der einzige wirkliche Tabubrecher in Deutschland. Alles, was Medien oder wir Politiker irgendwann mal laut äußern, wurde zuerst am Stammtisch gedacht und gesagt. Wirkliche geistige Kühnheit finde ich in Deutschland nur am Stammtisch. Das ist ja nicht so, daß da nur so rektionäre Dumpfbacken, Suffköppe, die keinen Satz geradeaus sprechen können, halbe und ganze Nazis, Väter von Skinheads und höchstens mal ein Apotheker, der heimlich FDP wählt, sitzen. Das ist Quatsch. Am Stammtisch sitzen Leute, die das deutsche Schulsystem durchlaufen haben. Und das ist von hoher demokratischer Qualität und blitzgescheit. Wir Stammtischler nennen die Dinge beim Namen: zu viele Ausländer, Asylanten klauen uns die Arbeitsplätze, Sozialschmarotzer treiben uns in den Staatsbankrott, Chaoten höhlen die innere Sicherheit aus. Natürlich hört sich das ein bißchen brutal an, wenn man's laut sagt. Aber es ist ja meine Aufgabe, das dann in eine anständige, humanitäre Form zu bringen.

Auf Voscherau in Hamburg muß ich aufpassen, der kann mir gefährlich werden. Genial, wenn er fordert, es müsse jetzt Schluß sein mit den Schönwettergesetzen gegenüber kriminellen Ausländern. Totaler Unsinn – blendend formuliert.

Zwar haben sich die Zucchinis in den vergangenen Jahren auf deutschen Komposthaufen eindrucksvoll durchgesetzt – trotzdem gibt es keinen deutschen Vorspeisenteller. Deswegen hört mein Rassismus, wenn er denn überhaupt in mir steckt, beim Essen auch schlagartig auf.
Bei meinem Spitzenitaliener Figellino in Hannover-Langenhagen gibt's alles: Hirse-Bifteki, Gyros an Worcestersauce, Paella in Fladenbrot, schönen Schlag Crème fraîche drüber, dazu Ouzo mit

Feige vom Faß. Figellino macht das hervorragend – er war früher Eisenflechter in Prosecco oder wo, heute beschäftigt er zwei Köche, Inder, glaube ich, aus Ghana kommen die, also Bengalen, total saubere Leute, picobello, die backen ein Smörrebröd vom feinsten, richtig knusprig und mit ordentlich Curry dran. Sieht aus wie Hundescheiße, schmeckt aber wie Chili con carne.
Als Vorspeise nehme ich immer ein Kidney Pie auf Austernpilzen, das weiß der Kellner schon, der kommt von den Tamilen, Südamerika oder so, und dann vor allem die Dosenweißwurst. Von Bassermann die echte französische Dosenweißwurst, der absolute Wahnsinn, vor allem mit der Spinatfüllung! Braucht man anschließend allerdings ein Danziger Goldwasser oder eine schöne Velveta-Ecke.
Oder Döner. Döner al Pesto in der Folie, das haut einen um.
Und jeden Abend wird da Sirtaki getanzt oder Flamenco, manche sagen auch Tai Tchi dazu, also da fühlt man sich wie früher in Dubrovnik, als die Eingeborenen dort noch auf ihren Sushis spielten, einmalig, so unheimlich klagende Melodien,wegen der Armut im Land.
Kuskus esse ich auch gern: geröstete Hammelhoden! Kriegt man leider nicht so oft, aber bei Figellino: sensationell nussig! Jedenfalls wesentlich besser als bei jedem Chinesen. Und wenn er chinesisch kocht, fällt mir gar nichts mehr ein: Glasnudeln, ganz locker, mit einer Fuhre Sauerkraut, und dazu Pekingente, schön krosch, im Bierteig mit Semmelbröseln. Gedünstete Singvögel an Salbei kriegt man übrigens nicht, Lerchenleber im Himbeerbett, das macht er nicht, und Igel aus dem Wok auch nicht – soweit sind wir Deutschen noch nicht mit unserer Eßkultur, sagt er. Aber die Deutschen machen Fortschritte, und ich persönlich bin ein entschiedener Verfechter der multikulinarischen Gesellschaft.
Ich frage mich allerdings, wie ich verhindere, daß Doris dem Figellino beibringt, wie man quasi jedes Gericht auch noch mit Käse überbacken kann.

Juni

Robert Mitchum ist tot, James Stewart hat's erwischt – um mich herum wird's einsam. Und die ganze Erde, scheint's, ist gaga.
In Kairo hat der ägyptische Staatsgerichtshof das Beschneidungsverbot für Mädchen aufgehoben. Nach ägyptischen Zeitungsberichten war das seit einem Jahr geltende Beschneidungsverbot vielfach ignoriert worden. Zumeist hatten Friseure oder Hebammen mit einer Rasierklinge die Verstümmelung vorgenommen, die oft mit einer anschließenden Infibulation, dem Vernähen der äußeren Schamlippen, einhergeht. Mehrere Mädchen starben in den vergangenen Monaten an den Folgen. In der Begründung des Urteils heißt es, »wissenschaftlichen Studien zufolge« führe das Unterlassen der Beschneidung zu »extremen Gesundheitsproblemen der Mädchen« und widerspreche den Überlieferungen des Propheten Mohammed.
Ich wüßte gern, was im Kopf des früheren Mufti und heutigen Großscheichs der islamischen Universität alles nicht vorgeht, wenn er verkündet, Schönheitsoperationen, kosmetische Verjüngungsaktionen und plastische Chirurgie widersprächen den religiösen Prinzipien, weil derartiges das Bild Gottes verändere.
Was macht der Mufti, wenn er, im Kairoer Nachtleben magisch von einem Silikonbusen angesaugt, feststellen muß, die Dame seiner Wahl ist oben geliftet und unten zugenäht?
Aber das ist eine andere Kultur und geht mich eigentlich nichts an.

Die Grünen haben mir eine Broschüre ins Haus geschickt, in der steht, ich soll das Wasser, in dem ich meine Frühstückseier koche, zum Blumengießen verwenden, um Wasser zu sparen. So was Blödes: Zur Herstellung eines Autos werden etwa vierhunderttausend Liter Wasser verwendet.
Ökopolitik = Jobkiller. Die Umweltpolitik muß warten, bis die Ökonomie blüht. Werde nach der Übernahme der Kanzlerschaft als erstes veranlassen, daß Klima-GAUs und Ozonlöcher, Hochwasser, Giftmüll und Ressourcenplünderung sich zu einem Stillhalteabkommen verpflichten.

Ich verbringe jetzt viel Zeit damit, herauszufinden, warum die Stabilität des Euro bei 3,2 oder 3,3 Prozent Staatsdefizit gefährdet ist, bei 3,0 aber nicht. Niemand kann mir das erklären. Waigel hat in Amsterdam gesagt, alles wird gut. Wenn Waigel guten Mutes ist, wird's gewöhnlich furchtbar. Kinkel hat gesagt, wenn man den Euro stoppt, gibt's eine Katastrophe. Da ist vielleicht was dran: Der Mann kennt sich aus in Katastrophen. Nur nicht darin, wie man sie verhindert. Waigel will seine Löcher mit Gold stopfen. Seehofer erzählt überall rum, Amalgam tut's auch. Ich halte mich zurück, jeder muß selbst herausfinden, welche Löcher von wem mit was gestopft werden wollen.

Kann ich den Deutschen sagen, daß das vom Jäger 90 über Jäger 2000 zum Eurofighter mutierte Kampfflugzeug, das soviel kostet wie zehn Kindergärten oder zehn Pflegeheime oder drei Schulen oder zwei Sportanlagen oder zweihundert Sozialwohnungen, wohl von der Pflegeversicherung wird bezahlt werden müssen?

Doris zieht in einem Monat nach Hannover und will mich heiraten. Werde mich dann vielleicht Gerhard Köpf, geborener Schröder, nennen müssen.
Viele Frauen sind so blöde, die wählen einen wegen so etwas.

Heute in der Post: Brief vom Landesverband Niedersachsen, SPD, Unterbezirk Hannover. Die Genossen haben den Wunsch, Schröder und Lafontaine dürfen nicht mehr gemeinsam in einem Flugzeug fliegen, weil die Partei sonst auf einen Schlag sieben Witwen an der Hacke hat.

Liege bei allen Meinungumfragen »Kanzlerkandidatur« weit vorn, bei Emnid sogar siebenundsechzig Prozent für mich. Die Menschen sind zu Recht der Ansicht, es gibt keinen Besseren als mich. Telefonat mit Stoiber. Er will wissen, warum ich nicht als Kanzlerkandidat der CDU antrete. Fischer könnte dann die SPD übernehmen. Und Oskar? frage ich. »Mit dem stopfen wir die Löcher bei den Grünen«, sagt er.

Überall im ganzen Land großes Geschrei wegen der Lehrlinge. In einer Rede vor dem Jagd- und Forstverband Deister und Solling erkläre ich: Was soll das? Wozu Lehrlingsausbildung? Facharbeiter kriegt man doch in ausreichender Menge vom Arbeitsamt. Viel Beifall.

Memento: Nie von Geld sprechen. Banken sprechen auch nie von Geld, immer nur von Kapital, Finanzen, Anlagevermögen, Potential usw. Muß mir in Bayreuth Richard Wagners »Rheingold« ansehen. Möglichkeit überprüfen, auf dieser Schiene – ja was denn eigentlich?

Oskar hat gesagt, im Bundestag sitzen zuviele Pfeifen und Flaschen. Stimmt. Werde draufsatteln: Alle Firmen sparen Personal und Kosten, nur nicht der Bundestag. Die Hälfte aller Abgeordneten dort sind Arschgesichter und Klugscheißer. Wann wird endlich der Bundestag halbiert? Habe meine Meinung über Möllemann geändert. Erst hat er seinen Parteifreund Rexrodt als »Stück Seife« bezeichnet, und dann ist er als erster westlicher Politiker nach dem Mykonos-Prozeß nach Teheran gereist und hat dort für normale Beziehungen plädiert. Muß bei Birgit Breuel anregen, Jürgen Möllemann als Ausstellungsstück für die Expo zu erwerben. Möllemann, nackt in einer Glasvitrine, neben einigen Moorleichen der Varus-Schlacht, die Entwicklung der Germanen dokumentierend.

Habe den Genossen Struck aufgefordert, den Kanzler aufzufordern, im Bundestag mit dem Haushaltsentwurf die Vertrauensfrage zu stellen. Beide waren zutiefst erschrocken. Die deutsche Sozialdemokratie muß vor dem Hintergrund eines schwierigen Umfeldes ernsthaft überprüfen, ob sie ihre Verantwortung für die Fehler der Regierung mit äußerster Entschlossenheit zurückweisen soll. Werde dem Parteipräsidium klarmachen, daß es Fehler gibt, von denen wir uns unter keinen Umständen abhalten lassen dürfen.

Ich will ja nicht behaupten, daß die Frankfurter Oberbürgermeisterin dümmer ist als eine tote Stubenfliege – aber glaubt sie im Ernst, daß ich die Straße vor meinem Haus selbst fege? Dann wäre ja noch weniger Geld in der Stadtkasse, weil ich die für Straßenreinigung anfallenden Gebühren nicht mehr überweisen muß. Demnächst fordert sie, der Bürger soll für Strom und Wasser, fürs Ausbessern der Schlaglöcher und für Kanonen zur Landesverteidigung selbst sorgen, und auf Autobahnfahrten soll er gefälligst sein eigenes Stückchen Leitplanke mitbringen. Das dumme Weib will die Kommunen abschaffen, die arbeitet an ihrer eigenen Blackbox. Ich habe den Verdacht, daß sie heimlich in meiner Partei ist.

Das Transplantationsgesetz interessiert mich nicht. Ich weiß am besten, daß es Leute gibt, die seit Jahren hirntot und trotzdem an der Regierung sind.

Ich darf der CDU in Niedersachsen keine Chance zum Opponieren geben. Ich muß sie dazu zwingen, auf die linke Fahrspur zu wechseln. Dazu ist sie nicht in der Lage. Das Ergebnis: eine sich selbst blockierende CDU.
Auf Bundesebene wirft der Kanzler uns Blockadepolitik in Sachen Steuerreform vor. Ich kontere auf CDU-Terrain: knallharte Standortpolitik, Innere Sicherheit, gegen lästige Umweltbürokratie, und wenn's opportun erscheint, auch gegen den Euro.
Ich liebe die Medien, die Medien lieben mich. Erste Vergleiche mit Franz Joseph Strauß werden laut. Das verpflichtet zur Größe, zum Abzocken und zum Saufen. Das muß ich alles forcieren.

Oskar hat gegen mich gepöbelt. Wirft mir eine Windschutzscheibenperspektive vor. Ihm ist es scheißegal, hat er gesagt, ob Rexrodt oder Schröder die Wirtschaft machen läßt, was sie will, ob Joschka oder Rühe tote Soldaten beerdigt oder ob Waigel oder Frau Matthäus-Maier mit dem Klingelbeutel durchs Land ziehen. Ich sage, so geht man mit einem Schröder nicht um. Irgendwann stecke ich seine Zunge zwischen eine Autotür und schlage sie zu.

Große Diskussion. Erstens, ob Kinder ab zwölf Jahren strafmündig sein sollen, und zweitens, ob man Straftäter mit elektronischen

Fußfesseln zu Hause einsperren soll. Alternative: Kinder ab zehn mit elektronischen Fußfesseln zu Hause einsperren, dafür aber den Waffenbesitz in Deutschland freigeben – das brächte Geld in die Kassen und würde sowohl das Asylanten- wie auch das Obdachlosen- und Arbeitslosenproblem spürbar entlasten.
Muß aufpassen, daß Kanther mir nicht zuvorkommt bei der Besetzung des Themas »Todesstrafe«. Sein bajonettscharfer Scheitel ist ein nicht zu unterschätzendes und schwer zu widerlegendes Argument.

Guter Vorschlag der Diözesanleitung der katholischen Jungen Gemeinde im Bistum Würzburg. Die wollen das Wahlalter völlig abschaffen. Muß dringend mit Piëch sprechen: VW könnte Spielzeugautos und Bahlsen Wahlkampfkekse und andere Süßigkeiten liefern. Mache dann Wahlkampftournee durch Kindergärten und Grundschulen. Muß sehen, daß ein schönes Bild von mir in die Wahlscheine kommt, damit die lieben Kleinen ihr Kreuz an der richtigen Stelle machen.

Baulöwe Jürgen Schneider hat angerufen. Er gibt zu, daß er seine Baugrundstücke ein bißchen höher bewertet hat, aber das ist schließlich auch nichts anderes als das, was Waigel mit seinem Gold oder den Devisen vorhat. Er kann mit Krediten der Deutschen Bank das neue Bundeskanzleramt in Berlin fertigstellen und fragt, ob ich es dann von ihm zurückleasen will. Unglaublich – so ein fähiger Mann sitzt bei uns im Knast.

Ein Beamter, der zwei Pferde besitzt und von Bonn nach Berlin zieht, bekommt für die Tiere laut Bundesumzugskostengesetz eine angemessene Beihilfe. Joschka Fischer fragt, ob das auch für ihn gilt, wenn er Antje Vollmer und Daniel Cohn-Bendit mitnimmt. »Ja«, habe ich geantwortet, »aber du mußt die beiden auch selbst reiten.«

Ich muß das Wort »offen« sehr viel mehr benutzen. Risiken, Chancen und Optionen – ein Schröder muß alles offenhalten. »Eine rotgrüne Koalition ist die wahrscheinlichste Perspektive, aber diese Perspektive darf man nicht wie ein Dogma behandeln.« Habe ich einfach mal so ganz offen gesagt. Das ist keine Zusage und keine Absage, das ist überhaupt keine Aussage. Was ich nicht offen sage, ist, daß ich keine andere Politik, sondern nur eine andere Regierung will. Ein Schröder ist nach allen Seiten offen. Die Beantwortung der Frage, ob ich nicht ganz dicht bin, muß bis zum Einzug ins Kanzleramt offen bleiben.

Habe über Radio FFN klarstellen lassen, die Hälfte aller Bundestagsabgeordneten sind keine Arschgesichter und Klugscheißer.

Verdacht, große Gewinner kann's nur geben, wenn's ausreichend Verlierer gibt. Bei all diesen Haushaltsdebatten, Steuerdiskussionen und Tarifauseinandersetzungen geht's immer nur darum, zwischen Winnern und Luhsern zu vermitteln. Der Ausgleich muß gelingen, sonst kommt eines Tages wieder so ein Intellektueller und stellt die Systemfrage.
Ich bin dafür, die Armut mit wachsendem privatem Reichtum zu bekämpfen.
Unverschämterweise hält sich die Arbeitslosenquote einfach nicht an unsere Vorgaben.
Wenn ich bedenke: Fünfundachtzig Prozent der Bundesbürger sind dafür, jugendliche Sozialhilfeempfänger künftig mit staatlichem Zwang zu verpflichten, gemeinnützige Arbeit zu leisten. Was für ein Potential! Davon werden zwar die Jugendlichen nicht reich, aber der Konjunktur kann das nur gut tun. Das ist das Patentrezept für einen blühenden Mittelstand: eher mehrere Jugendliche gratis für sich arbeiten lassen, als einem Erwachsenen Lohn zu zahlen.

Handel, Banken und Versicherungen schaffen zahlreiche Arbeitsplätze für Ingenieure, die von menschenleeren Fabriken, automatisierten Büros, automatischen Kassen, Ein- und Verkaufen im Internet und Beratung per Computer träumen. Ich bin nicht unbedingt ein Softwarehysteriker, aber das schafft rund sieben Millionen neue Luhser.

Ich habe gelesen: Demnächst reichen zwanzig Prozent der Weltbevölkerung aus, um den Wirtschafts- und Produktionskreislauf aufrechtzuerhalten. Dann sind achtzig Prozent arbeitslos. Ich werde gefragt: Was machen wir mit denen? Ich antworte: Begegnung vermeiden, übersehen, ausgrenzen. Arbeitslose sind nun mal das Schreckgespenst für jeden, der noch Arbeit hat.

Ich habe eine große Sorge: daß die Arbeitslosen sich dagegen wehren. Daß sie sich zusammenschließen und aufmüpfig werden, wenn sie eines Tages begreifen, daß Arbeitslosigkeit nicht nur privates Pech ist.

Heute eine Panikattacke: Die Arbeitslosen organisieren sich! Feiern zu Hunderten und Tausenden rund um die Uhr Riesenparties und verhöhnen die, die noch zur Arbeit müssen. Haben Fun mit ihrer Arbeitslosigkeit. Treffen sich vormittags in den Fußgängerzonen zum gemeinsamen Singen und nachmittags in den städtischen Grünanlagen zum Grillen. Halten sich an ihren Bierdosen fest, schon morgens, und treiben vergnügt ihren Spott mit denen, die noch ins Büro hasten müssen. Sie hören alle auf zu rauchen, zahlen keine Stromrechnungen mehr, sondern hocken um Millionen von Kerzen und Lagerfeuer herum, machen Musik, sehen nicht mehr fern, sondern gehen in Parteiversammlungen, wenn sie mal richtig ablachen wollen, sie beweisen, wie fröhlich man von Arbeitslosenhilfe leben kann, wenn man zusätzlich auf Tauschhandel umsteigt – ich streiche dir die Wohnung, wenn du mir den Rasen mähst –, Urlaub machen sie durch Wohnungstausch von Nord- nach Süddeutschland und umgekehrt, und das alles wohlorganisiert, gut gelaunt und ohne jegliche Gewalt, alles im Rahmen von Recht und Gesetz, und überall wehen Spruchbänder und Transparente:
»Ich lebe nicht, um zu arbeiten.«
»Ich bin stolz, arbeitslos zu sein.«
»Ja, das tut dem Bürger gut, leben ohne Arbeitswut.«
Diese Leute könnten alles mögliche ankurbeln, da kommen ja viele begabte Leute zusammen mit einem enormen kreativen Potential – ich denke, eine so in kollektiver Lust genossene Arbeitslosigkeit

kann uns und den noch verbliebenen Arbeitsplatzbesitzern gewaltig auf die Nerven gehen. Da muß der Staat dann einschreiten und ein Exempel an den Verantwortlichen statuieren.
Gelegentlich, wenn ich so durchs Regierungsviertel schlendere, erwische ich mich dabei, wie ich ganz versonnen an einem Laternenpfahl hochschaue.
Es gehört viel Kraft dazu, ein Winner zu sein.

Um unsere modernen Zeiten wirklich zu begreifen, brauchen wir Bildung. Peter Boenisch schreibt dazu in einem »Bild«-Zeitungs-Kommentar die für ihn typische Moppelkotze: »Eltern und Erzieher haben versagt. In den Schulen fehlt Disziplin. Die Grundkenntnisse von Studenten und Lehrlingen sind oft zum Weinen. Die Universitäten vermassen. Es gibt viel zu ändern in diesem Land. Fangen wir mit der Bildung an.«
Seit wann kann man aus dem Wort Masse ein Verbum machen? Ich vermasse, du vermaßt, er sie es vermaßt ... Immer, wenn ich Peter Boenisch lese, denke ich, jetzt ist er so veridiotet, veridioteter geht's nicht. Und jedesmal, wenn ich ihn wieder lese, ist er noch ein Stück veridioteter geworden. Mit stinkendem Limburger überbacken, den eklen Sack!

Juli/August

Beim Blick in den Spiegel heute früh konnte ich es wieder mal kaum fassen, daß es mich gibt. Immer wieder stelle ich atemlos fest: Ich bin's!
Heute, am 9. Juli, feiere ich den 129. Geburtstag von Gustav Noske. Ein Vorbild für alle fortschrittlichen Sozialdemokraten: Law and order ist ein SPD-Ding, keine Angst vor scharfen Schüssen. Solche Leute braucht das Land!

Doris hat von einer bayerischen Tante eine acht Wochen alte Katze geschenkt bekommen, Schnurri. Jetzt habe ich wieder was zum Treten.

Der Osten geht baden. Demnächst lautet die Postanschrift »Frankfurt in der Oder«. So habe ich das mit den durchlässigen Grenzen zum Osten Europas eigentlich nicht gemeint.

24. Juli: Kurztrip zu Stoiber. Der zeigte mir in einem Landgasthaus nahe Altötting grinsend ein Kruzifix, das über dem Kamin hing – umgeben von ausgestopften Wildschweinköpfen, Hirschgeweihen und anderen Tierresten.
Ich muß bei den Wahlen unbedingt an die Katholiken ran. Stoiber schwer beeindruckt, weil mir bei den Single-Treffs freitagabends im Rathauskeller von Hannover regelmäßig die Jungfrau Maria erscheint. Er überlegt, Wallfahrten für mich zu organisieren.

Das Ereignis der letzten Wochen war mal wieder eine Formulierung des Bundeskanzlers. Diesmal gelang ihm ein fulminanter Treffer auf dem Deich von Hohenwutzen bei der deutschen Meisterschaft im Sandsackweitwurf. Ich meine, unsereins würde sagen: »Wir haben die größte Epidemie seit der Grippewelle von 1946.« Oder: »Das ist die schlimmste Heimsuchung seit der Pest im Mittelalter.« Oder: »Wir erleben die größte Bedrohung seit dem Einfall der Hunnen.«
Aber der Kanzler, in Gummistiefeln, schert sich einen Dreck um alle Deutschlehrer. Über das Oderhochwasser sagt er kühn, das sei »die größte Katastrophe für die neuen Bundesländer seit der Wiedervereinigung ...« Wo er recht hat, hat er recht.
Irgend jemand im Riesengebirge, also Rübezahl oder so, hat den Hahn nicht zugedreht, und nun wissen wir, die haben in Tschechien, entgegen allen unseren Vermutungen, doch fließend Wasser. Vielleicht war's aber auch Rupert Neudeck, den ich schon seit Jahren im Verdacht habe, alle Schweinereien auszuhecken, für deren Beseitigung dann das Militär herangezogen wird. Immerhin kann Rüdiger Nehberg jetzt den Eingeborenen in derdemdas Oderbruch zeigen, wie man sich aus Faulschlamm eine schmackhafte Sättigungsbeilage zubereitet.

Eine andere, eher verunglückte Formulierung gelang dem Kleiderständer an der Spitze der FDP, Wolfgang Gerhardt. Er sagte, es »ist und bleibt das Ziel, alle Anstrengungen zu unternehmen, um stabile Haushalte ohne Steuererhöhungen zu erreichen«. Die Anstrengung als Ziel – tja, so ist das, wenn sich eine ganze Partei verkehrtrum auf den Hometrainer setzt.

Bin auf Juist über den Lenker gegangen. Schmerzhaft. Mußte aber nicht ins Krankenhaus wie Scharping letztes Jahr. Womit feststeht: Fahrradfahren kann ich auch wesentlich besser als er. Die kleine Klara hat mich verarztet und gesagt, ich sähe aus wie Quasimodo. Habe kurz überlegt, ob ich ihr dafür eine runterhaue. Habe mich aber beherrscht, weil ich bei Doris ein Maß an Aufgehobenheit finde, das enorm hilfreich ist. Wie unter einer Käseglocke.

Hillu signalisiert in Interviews, sie will als SPD-Abgeordnete in den Landtag. Sie hat immer noch nicht kapiert, daß es keinen Sinn macht, gegen mich aufzumucken. Offenbar hat es sich immer noch nicht bis zu ihr rumgesprochen: Volksvertreter werden, entgegen der landläufigen Meinung, nicht vom Volk gewählt, sondern vom zuständigen Ortsverein oder Landesverband. Was wir in Niedersachsen brauchen, ist der im Kompromiß gezeugte multifunktionelle Mandatsbagger, beispielsweise einen trinkfesten lungenkranken Nichtraucher, der mit dreiundachtzig aussieht wie achtunddreißig, aus protestantischem Arbeitermilieu, der als Aufsichtsratsvorsitzender von Pfeffersack & Tonnage in der Industrie- und Handelskammer die Vertriebenen der katholischen Mittelstandsvereinigung in der jüdischen Gemeinde des Bauernverbandes im Reichsbund der Kriegswaisen der deutschen Angestelltengewerkschaft im Landtag siegreich von Abstimmung zu Abstimmung führt. Die Käseschicht über ihm muß so fest, klebrig, fädenziehend und undurchsichtig sein, daß alle darunter verborgenen Zutaten nicht mehr zu analysieren sind. Und bei wem ist das der Fall? Wer kommt da als einziger in Frage? Richtig: Hillu nicht. Sie ist durch nichts zur Abgeordneten qualifiziert, außer durch ihr Anspruchsdenken.

Wenn ein deutscher Pastor in der Nähe von Braunschweig seine

Frau totschlägt, dann muß der in Niedersachsen bleiben. Das ist eine schwere Strafe. Straftäter gehören nun mal in ihre Heimat. Und deswegen bin ich mir mit allen anständigen deutschen Bürgerinnen und Bürgern darin einig, daß ausländische Kriminelle zu Hause am besten aufgehoben sind. Hier bei uns rotten die sich nur zusammen, bilden Banden und bedrohen die Sicherheit.
Um allen Anwürfen, ich würde hier nur populistisch argumentieren, die Spitze zu nehmen, sage ich mir folgendes: Wenn ich als deutscher Gourmet polnische Gänseleberpastete billig direkt vom Produzenten kriege, unverzollt, also meinetwegen auch geschmuggelt, ist das wirklich obsolet, auch wenn ich möglicherweise der Nutznießer einer Straftat bin. Was soll ich machen? Mein Arzt hat mir streng verboten, deutsche Kalbsleberwurst zu essen, wegen Cholesterin. Von polnischer Gänseleberpastete hat er nichts gesagt. Aber der Lieferant gehört in jedem Fall sofort abgeschoben.

Mir ist noch was dazu eingefallen: Viele Staatsanwälte und Polizisten sind notorische Puffgänger. Na und? Das ist ein schwerer Beruf. Da braucht man Entspannung.
Nur: Dahinter steckt die Russenmafia. Anwerber, Transporteure, Zuhälter, Vermieter, Club- und Bordellbesitzer, alles Russen. Und die sahnen ab, während die armen Frauen wie Sklaven gehalten werden. Da wird keine reich, die werden abgezockt. Trotzdem kommen sie. Ganze Waggons voll. Das sexuelle Angebot wird dadurch immer preiswerter. Wenn zum Beispiel deutsche Familienväter in den Puff gehen würden, was sie ja in aller Regel nicht tun, dann hätten sie den Nutzen von der russischen Bordellmafia. Aber deswegen sind sie noch lange nicht so kriminell, sondern allenfalls die Nutznießer, die sich am Weltmarkt orientieren. Und das Nebenbeigeschäft mit den Kleinanzeigen ist unseren Zeitungen ja nun auch nicht zum Vorwurf zu machen.

Daß etwa ein Drittel aller Autodiebstähle von den deutschen Besitzern in Auftrag gegeben worden ist und es sich bei etwa neunzig Prozent aller Totalschäden wahrscheinlich um Versicherungsbetrug handelt, weiß ich auch. Die ausländischen Knackerbanden sind da nur mäßig bezahlte Hiwis, gottseidank. Sonst wäre unser volkswirtschaftlicher Schaden ja überhaupt nicht mehr zu bemessen.

Natürlich ist es richtig: Wenn kein Deutscher mehr Drogen nehmen würde, dann würden die kriminellen Kurden und Schwarzafrikaner ganz schnell Leine ziehen. Aber noch richtiger scheint mir zu sein: Wenn kein krimineller Kurde oder Schwarzafrikaner, also wenn niemand den auf diesem Gebiet doch meistens ganz unerfahrenen Deutschen irgendwelche Drogen anbieten könnte, dann würden die auch keine nehmen.

Und was da so los ist mit illegalen Arbeitern auf Großbaustellen, in Großgärtnereien, Großbäckereien, Großmärkten, in Restaurant-, Kiosk- und Hotelketten: Wer immer sich da die Taschen vollschaufelt – anständige, fleißige, ehrliche und zuverlässige Deutsche sind es jedenfalls nicht.
Der Deutsche an sich ist sauber. Das sieht man schon daran: Von hundert Einwohnern werden in den USA sechs im Gefängnis aufbewahrt, aber in Deutschland nur einer.

Gestern erschien großes Interview mit Hillu im SZ-Magazin. Daß sie mich einen Opportunisten nennt, macht gar nichts – das weiß sowieso jeder. Aber es ist sehr unklug von ihr, keine Ruhe zu geben. Wenn sie sich mit ihren Ansprüchen vor Gericht wirklich durchsetzen sollte, bin ich der erste Ministerpräsident, der Anspruch auf Sozialhilfe hat.
Nehme morgen sofort Kontakt zum »Stern« auf. Werde ein Interview lancieren, an dem kann sie sich die Füße wärmen, die Pfauenhenne, die.

Zahlreiche Genossen in der Partei sprechen sich für einen Parteiausschluß von Hillu aus. Ich halte mich in dieser Frage vornehm bedeckt. Die Frau hat jedenfalls keine Chance mehr: Überall steht sie als quengelnde Querulantin da, habgierig, nachtragend, publicitygeil. Und zu den Grünen kann sie auch nicht gehen: Ich weiß doch, was Fischer mit Frauen macht, die ihm auf dem Felde der Prominenz in die Quere kommen.

17. August: Der Scheidungskrieg hat echt was gebracht. Jetzt kennt mich auch der letzte Bauer in Niederbayern, in der Niederlausitz oder am Niederrhein. Ein ungeheurer Popularitätsschub. Toll, wie die Medien da mitgespielt haben. Scheidung macht sympathisch, fünfzig Prozent aller Deutschen sind irgendwann mal davon betroffen.
Aber hat mir das Ganze persönlich was gebracht? Jetzt habe ich den Seitensprung an der Hacke. Und das Kind! Wie blöde muß ein Mann in meinem Alter sein, der zwei von einem anderen Mann gezeugte Töchter großzieht, die nun erwachsen sind und auf eigenen Füßen stehen, und der sich dann wieder eine Schulanfängerin ins Haus holt, wieder nicht den eigenen Lenden entsprossen und wieder die Aussicht auf zwanzig Jahre Stiefvaterpflichten. Und das alles mir, der ich Kinder sowieso für die natürlichen Feinde des Menschen halte.

Aber noch mehr geht mir die Schnepfe auf den Sack. Wenn ich allerdings diese Frau Köpf auch wieder abserviere, bin ich politisch dran, das würde mir in Deutschland niemand verzeihen. Dann Kanzlerschaft ade. Nur: Ich kann ihr nicht in die Augen sehen, dieser blonde Provinzblick macht mich fertig. Immer, wenn ich Doris besteige, muß ich an die Christa vom Oskar denken. Irgendwann werde ich mir ein Foto von Christa auf den Nachttisch stellen. Oder ich sage Oskar, meinetwegen kann er Kanzler werden, wenn er damit einverstanden ist, daß wir die Weiber tauschen.

Guter Gedanke: Für die schlanke Wirtschaft brauchen wir den schlanken Staat, für den schlanken Staat brauchen wir die schlanke Demokratie.
Sammle überzeugende Argumente:
Innovationsgesellschaft, Innovationsstau, Innovationskompetenz, Innovationsfähigkeit, Innovationsblockaden, Innovationsklima, Innovationsdiskurs, Innovationswettbewerb, Innovationsforschung,

Innovationspolitik, Innovationsoffensive, Innovationsbremse, Innovationskonjunktur, Innovationsschub, Innovationsmilieu, Innovationskonflikt, Innovationsmobilität.
Habe ich alles in einer einzigen Rede in Aurich untergebracht. Das soll mir der Fischkopf Voscherau erst mal nachmachen.
Voscherau scheint aber in HH einen erfolgreichen Wahlkampf zu führen.
Ich habe ihm gesagt, wer sich mit Krista Sager (grün) ins Bett legt, braucht Ole von Beust (CDU rosa) nicht um Masturbationshilfe zu bitten.
Hannes Wader ist bei meiner Wahlveranstaltung zugunsten Voscheraus aufgetreten. Es tat gut, mal wieder bei den »Moorsoldaten« mitzuklatschen. Es ist ja zu begrüßen, daß nicht alle Wendehälse bei der CDU landen.

Helmut Kohl ist auch in sexualibus ein großes Vorbild. Beeindruckend, mit welcher Diskretion er seine erotischen Bedürfnisse zwischen Hannelore und Juliane Weber hin- und herschwänzelnd befriedigt. Habe ihn angerufen und um Rat gebeten. Er hat gesagt, daß ich ein Idiot war, als ich Hillu von dem Seitensprung erzählt habe. Merken Sie sich eins, mein lieber junger Freund, hat er gesagt, für jeden kommt einmal der Tag der Wahrheit, und dann heißt es lügen, lügen, lügen!

Klasse-Idee: Entwicklungshilfe (vor allem an afrikanische Länder) nur noch dann zahlen, wenn die entsprechenden Staaten ihre (und meinetwegen auch andere) aus Deutschland abgeschobenen Flüchtlinge zurücknehmen. Das kommt gut an, und Politik heißt ja auch, Druck ausüben. Wir zahlen sowieso nicht so viel Entwicklungshilfe, wie wir laut UNO-Vereinbarung zahlen müßten. Hoch die internationale Solidarität! Und schließlich haben wir doch gerade das »Europäische Jahr gegen Rassismus«.

Affenzirkus in Bonn: Waigel will Kabinettsumbildung. Erst fährt er den Staatshaushalt vor die Wand, kann noch nicht mal den exakten Schuldenstand angeben – und jetzt will er Außenminister werden. Wenn der das Außenamt so führt wie sein Finanzministerium, dann begeben wir uns auf kürzestem Weg in den dritten Weltkrieg.

Mecklenburg-Vorpommern hat eine Image-Kampagne gestartet: »Blond, blauäugig, blöd« steht drüber. Darunter das Bild eines fröhlichen Mädchens: schwarzes Haar, dunkle Augen, dunkler Teint, fremdländisch. Und als Unterschrift: »Das ist Jule, gebürtige Greifswalderin, Studentin. Und überhaupt ist bei uns manches anders, als man denkt.« Das will ich gern glauben: angesichts der Sieg-Heil brüllenden Idioten in jener Gegend, die zaunlatten-, baseballschläger- und kettensägenschwingend urlaubende Camper attackieren, gelegentlich sogar im Verbund mit einem der Debilität nahen Dorfbürgermeister, kann man Menschen wie Jule nur empfehlen, nie allein den Bahnhofskiosk aufzusuchen oder abends einen Spaziergang am Strand zu machen. Jedenfalls nicht ohne eine kleine Heckler & Koch im Täschchen.

Andererseits: Wessi-Peinlichkeiten. Die Prozesse gegen DDR-Offiziere und gegen DDR-Politbüromitglieder wegen Beihilfe zum Totschlag oder wegen Totschlags durch Unterlassen. Da fällt mir ein: Anläßlich seiner Wahl zum Vorsitzenden des DDR-Staatsrates erhielt Egon Krenz zahlreiche herzliche Glückwünsche, zum Beispiel von Helmut Kohl, François Mitterand, Bundespräsident von Weizsäcker, von Jochen Vogel und von mir.
Damals konnten wir ja nicht ahnen, daß aus ihm nichts wird.

Bei den Generälen der DDR-Grenztruppen sind noch viel herzerfrischendere Peinlichkeiten passiert. Als vor sieben Jahren einer der heute Angeklagten den Dienst quittierte, übermittelte ihm der zuständige Minister ein Dankschreiben: »Nehmen Sie bitte meinen herzlichen Dank für Jahrzehnte gesellschaftlich notwendiger Arbeit, von hoher Verantwortung und Verläßlichkeit getragenen Dienstes entgegen, der Ihrem Leben Sinn, Inhalt und Erfüllung gab. Für Ihr weiteres Tun am Gemeinwohl unseres Volkes darf ich Ihnen beste Wünsche übermitteln.«
Bei seiner Antrittsrede hatte derselbe damalige Minister für Abrü-

stung und Verteidigung der DDR lange Lob- und Dankesworte für etliche Generäle der DDR gefunden. Wörtlich: »Ich habe mich davon unterrichten lassen, daß Sie sich aufopfernd und mutig an die Seite des Volkes gestellt haben.«
Das war im April 1990. Der Minister ist gelernter Pfarrer und heute Bundestagsabgeordneter der CDU. Er heißt Rainer Eppelmann.
Die Generäle, die er damals so liebhatte, kommen alle wegen »Beihilfe zum Totschlag« in den Knast. Mir ist nicht bekannt, daß sich Pfarrer Eppelmann nun schützend vor die »mutigen« Männer gestellt und vielleicht bei Pfarrer Hintze ein gutes Wort für sie eingelegt hätte.

Klar, die DDR ist unsere Beute, und ihre Bewohner sind unsere Kriegsgefangenen. Als gelernter Jurist bin ich nun der Meinung, man sollte sie alle rankriegen, die beteiligt waren am Mauer-Terror: die kleinen DDR-Offiziere wegen Beihilfe zur Beihilfe zum Totschlag, die einfachen Soldaten, die den Offizieren dabei zur Hand gingen, wegen Beihilfe zur Beihilfe zur Beihilfe zum Totschlag, und alle DDR-Bürger, die durch ihre Steuern die Minen am Eisernen Vorhang finanziert haben, wegen Beihilfe zur Beihilfe zur Beihilfe zur Beihilfe zum Totschlag.
Andererseits: Offiziere und Soldaten wußten, wie man zum Beispiel Minen an der Grenze entschärft. Das haben sie aber nicht getan. Man kann sie also auch verurteilen wegen Unterstützung der Politbüromitglieder, die, weil sie die Grenze nicht humanisierten, obwohl sie das konnten, verurteilt sind wegen Totschlags durch Unterlassen. Das wäre dann bei den Offizieren Beihilfe zum Totschlag durch Unterlassen und bei den Mannschaftsdienstgraden Beihilfe zum Totschlag durch Beihilfe beim Unterlassen.
Und dann müssen wir eigentlich auch noch über die Russen reden. Die DDR haben wir ja staatlich nie anerkannt, immer nur die Russen. Die Russen tragen letztendlich die Verantwortung. Man kann unsere Strafverfolgungsbehörden nur eindringlich darauf hinweisen: Da lauern noch etwa zweihundertfünfzig Millionen weitere Schuldige auf ihre deutschen Richter!

Nun haben wir endlich auch eine plausible und aller Welt verständliche Erklärung dafür, warum es in Westdeutschland so wenige Prozesse gegen große Nazis gegeben hat: Unsere Justiz mußte sich fünfzig Jahre lang auf die Verfahren gegen Egon Krenz & Co. vorbereiten.
Und da bleibt eben heute für die braunen Scheißhausfliegen in Mecklenburg-Vorpommern einfach nicht genug Zeit.

In den USA, hochgelobt wegen permanenten Aufschwungs, wurde bei dem Zustelldienst UPS gestreikt: Es ging darum, daß langjährig beschäftigte Mitarbeiter endlich in feste Arbeitsverhältnisse übernommen werden. Die wollten also in die Firma rein. Die Firma sagte lange Zeit, bis ihre Verluste in dreistellige Millionen-Dollar-Höhe stiegen: no, weil es den schönsten Aufschwung immer da gibt, wo die soziale Sicherheit am weitesten weg ist.
Auch in Deutschland haben viele Langzeitarbeitslose keinen anderen Wunsch, als wieder in irgendeine Firma reinzukommen. Das geht aber nicht, weil unsere Firmen natürlich die fortschrittlichen nordamerikanischen Verhältnisse anstreben.
Viele Mexikaner wollen, ihrer persönlichen Konjunktur wegen, illegal ins gelobte Land USA rein. Aber die Amerikaner mögen nicht so viele Schmarotzer und Wirtschaftsflüchtlinge in ihr Land reinlassen, was dazu führt, daß viele Mexikaner alljährlich ums Leben kommen.
Die Zahl derer, die an den deutschen Ostgrenzen ums Leben gekommenen sind, weil sie illegal nach Deutschland reinwollten, ist zwar noch nicht ganz so hoch, aber das wird schon werden: Vor fünfzehn Jahren waren an der westdeutschen Ostgrenze zum Reich des Bösen 2678 Beamte des Bundesgrenzschutzes im Einsatz. Heute sind an den Grenzen zu den befreundeten Staaten Polen und Tschechien 5753 Grenzschützer postiert. Ausgrenzung muß schließlich verteidigt werden, und Beteiligung ist nun mal nicht profitabel.
Wenn ich mich recht erinnere, ist der real existierende Sozialismus vor allem auch deswegen eingegangen, weil er seine Leute nicht rauslassen wollte. Vielleicht geht der real existierende Kapitalismus daran kaputt, daß er niemanden reinlassen will.

September / Oktober

Wahlkampftour durch Niedersachsen, sehr stressig. Tag für Tag das gleiche Programm: Bier trinken, Autogramme schreiben, Bier trinken, den Leuten nach dem Maul reden, Bier trinken. Turne zwischen Bratwurstgrill, Bierstand und Rednerpodest hin und her. Neunzig Prozent der Bevölkerung begrüßen meine Äußerungen zur Kriminalitätsbekämpfung und zur Ausländerpolitik. Muß aufpassen, daß ich mich nicht verspreche: Kriminalitätspolitik und Ausländerbekämpfung.
Meine Sozialdemokraten wollen einen Sheriff. Und wenn's ein Führer wird, werden sie ihn auch nicht verhindern.
Ein Schlachter in Seesen hat mir eine eigens für mich angefertigte anderthalb Meter lange Mettwurst geschenkt.

Doris völlig fertig wegen Tod von Lady Di. Ich frage sie: Welche deutsche Frau könnte bei ihrem Ableben unser Volk in einen ähnlichen emotionalen Aufruhr versetzen? Sie antwortet: Mutter Beimer.
Bin sehr froh, daß angesichts meiner Arbeitsüberlastung die häuslichen Gespräche dieses Niveau nicht überschreiten. (Ich habe dann noch gesagt: Wenn Franziska van Almsick plötzlich und unerwartet in der Badewanne ertrinken würde, das wäre noch schlimmer. Darauf Doris: Das geht doch gar nicht, die fährt doch einen wasserdichten Opel.)
Ein paar Paparazzi mehr könnten es bei uns schon sein. Wem soll ich diskreten Hinweis geben, daß wir uns zur Zeit um Fortpflanzung bemühen? Der Kandidat und seine bevorzugten Stellungen – das wäre doch ein Thema.

6. September: Nun ist Mutter Teresa auch nicht mehr bei uns. Überlege, ob es mein weltpolitisches Gewicht stärkt, wenn ich zur Beerdigung nach Kalkutta fahre.

Morgen wird der Partei-Vorstand meinen Leitantrag »Innovationen für Deutschland« absegnen. Dem hat Lafontaine nix, aber auch gar nix entgegenzusetzen. Mein neues Wirtschaftskonzept könnte auch die Bonner Regierungskoalition locker unterschreiben. Das Programm bin ich. Und es wird vollkommen gleichgültig sein, wer unter dem Kanzler Schröder Parteichef der SPD ist. Es macht Spaß, an der Macht zu sein und gleichzeitig Opposition zu spielen. Ein Schröder muß seine Positionswechsel nur stets im Brustton der Überzeugung vollziehen. Die Wähler werden den Unterschied schon zu würdigen wissen, der zwischen Politikern mit keinem und Politikern mit überhaupt keinem Konzept besteht.

Dienstag. Hamburg-Wahl vorgestern so lala. Gut: Voscherau zurückgetreten, Weg für Rot/Grün frei. Bei Rücktritten muß man auf Würde achten: Voscherau stand in der Tagesschau wie ein gebeutelter Schulbub, der seinen dicken Ranzen verkehrtrum umgeschnallt hat. Vorwurf an ihn: falscher Wahlkampf. Man kann nicht neun Jahre lang regieren und dann plötzlich nach dem Polizeistaat rufen. Seine Schmerzgrenze sei »unterschritten«, hat er gesagt. Erst die Pleite, und dann kommt auch noch falsches Deutsch dazu.

Voscheraus Schmerzgrenze lag bei vier Prozent Verlust. Ich habe schon vor längerem erklärt: Zwei Prozent Verlust bei den niedersächsischen Landtagswahlen im März, und meine Kanzlerambitionen haben sich erledigt. Ein Problem, das meine immer etwas dumpfen Niedersachsen noch gar nicht geschnallt haben: Warum sollten sie sich einen Ministerpräsidenten wählen, von dem sie ganz genau wissen, daß er bei einem entsprechend satten Wahlerfolg sein Amt gar nicht antreten, sondern gleich Richtung Kanzleramt entschweben wird? Muß, wenn das Thema hochkommt, den Satz parat haben: »Ich werde immer für euch dasein.«
Meine Analyse der Hamburger Wahl:
1. Die Hamburger SPD hat wegen ihrer Politik und nicht wegen ihres Wahlkampfes so vergleichsweise schlecht abgeschnitten.
2. Wenn die Hamburger SPD die »Innere Sicherheit« nicht zum Wahlkampfthema gemacht hätte, wäre ihr Ergebnis noch schlechter gewesen. Ich werde so weitermachen wie bisher: Der Bürger in Niedersachsen muß spüren, daß ich mich persönlich um seine Sicher-

heit kümmere. Als die CDU (hauptsächlich in Berlin) die jugoslawischen Hütchenspieler zur Hauptbedrohung der Sicherheit ernannte, konnte sie einen schönen Erfolg einfahren. Warum soll ich also nicht Ladendiebstahl und Handtaschenklau thematisieren? Es geht nur darum, daß die anständigen kleinen Leute spüren, wie unsereins sie ernst nimmt.
3. Die DVU hat in Hamburg deftige 4,9 Prozent eingefahren. Häuptling Frey sagt, sein Naziverein will in Niedersachsen nicht antreten, um meinen Erfolg nicht zu gefährden. Applaus aus der falschen Ecke führt auch zum Ziel.

Hosianna! Hallelujah! Scheidung durch! Kurze Prozedur. Hillu hatte den gleichen Haarschnitt wie Doris, nur in dunkler. Habe während der Verhandlung kurz daran gedacht, wie wohl ein flotter Dreier mit uns ablaufen würde, mit Hund und Katze am Fußende des Bettes.
Fast dreizehn fleischlose Jahre sind überstanden. Jetzt muß ich ihr drei Siebtel meines Einkommens bis an ihr Lebensende zahlen, wenn sie nicht arbeitet. Gut, daß sie so ehrgeizig ist. Mögen ihr noch viele Memoiren, Tier- und vegetarische Kochbücher gelingen, und schön wäre es auch, sie würde sich irgendwann einen Dodi aufreißen. Beabsichtige, noch vor Weihnachten meine vierte Eheschließung vorzunehmen. Das scheint mit der einzige Weg, um zu verhindern, daß die CDU das Scheitern von Lebensentwürfen nutzt, um gegen mich daraus Kapital zu schlagen.

Ende des Monats, allein, sieben Glas Bier, wirkunglos. Schwerer Krach mit Doris. »Ich möchte einmal wieder wie eine Frau behandelt werden!« hat sie mich angeschrien. Da habe ich mein Oberhemd ausgezogen, es ihr zugeworfen und geantwortet: »Waschen und bügeln, aber hurtig!«

Seit gestern bin ich Vorsitzender des Bundesrates, also zweiter Mann im Staat – komme gleich nach Herzog und weit vor Kohl. Wenn der Bundespräsident auf Dienstreise im Ausland ist, muß ich ihn vertreten und Orden und Ehrenzeichen verleihen. Meine Amts-

zeit als Bundesratspräsident endet vier Tage nach der Bundestagswahl im September '98. Diese Wahl, daran kann eigentlich kein begründeter Zweifel bestehen, werde ich gewinnen.
Es könnte nun sein, daß Herr Herzog dann auch auf Dienstreise ist, oder vielleicht ist er einige Tage vorher gestorben und noch kein Nachfolger gewählt. Demnach müßte ich, könnte ich, dürfte ich das Rücktrittsgesuch von Helmut Kohl entgegennehmen. Und außerdem müßte ich, könnte ich, dürfte ich mich selbst beauftragen, die nächste Bundesregierung zu bilden. Das wäre dann die Krönung.

17. Oktober: Hochzeit (Ente, Rotwein, Zigarre) – reine Routine.

Klara will einen Goldhamster haben. Ich liege nachts wieder auf dem Sofa. Aus dem Schlafzimmer höre ich gurgelndes Schnarchen.
Im Flur kotzt die Katze.
Der Sommer geht zu Ende.
Doris hat Käsefüße.
Das Land wirkt wie mit Scheibletten überbacken.
Ich bin eine Lasagne.